BIBLIOTHÈQUE

DE L'ÉCOLE

DES HAUTES ÉTUDES

PUBLIÉE SOUS LES AUSPICES

DU MINISTÈRE DE L'INSTRUCTION PUBLIQUE

SCIENCES PHILOLOGIQUES ET HISTORIQUES

CENT DIX-SEPTIÈME FASCICULE

LA RELIGION VÉDIQUE D'APRÈS LES HYMNES DU ṚIG-VEDA

PAR ABEL BERGAIGNE, T. IV

INDEX PAR M. BLOOMFIELD

PARIS

LIBRAIRIE ÉMILE BOUILLON, ÉDITEUR

67, RUE DE RICHELIEU, AU PREMIER

1897

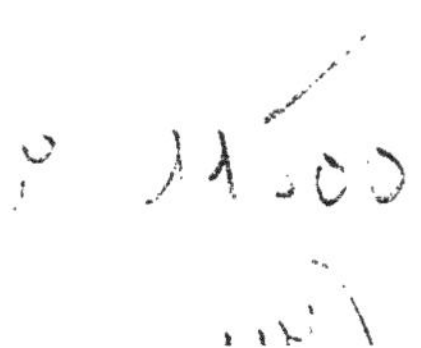

LA RELIGION VÉDIQUE

D'APRÈS LES HYMNES DU ṚIG-VEDA

CHALON-SUR-SAONE
IMPRIMERIE FRANÇAISE ET ORIENTALE DE L. MARCEAU. — I-IX-97

LA

RELIGION VÉDIQUE

D'APRÈS LES HYMNES DU ṚIG-VEDA

PAR

ABEL BERGAIGNE

TOME IV

INDEX

Par M. BLOOMFIELD

Professeur à l'Université Johns Hopkins de Baltimore.

PARIS

LIBRAIRIE ÉMILE BOUILLON, ÉDITEUR

67, RUE DE RICHELIEU, AU PREMIER

1897

DÉDIÉ

AU XIe CONGRÈS DES ORIENTALISTES

TENU A PARIS

5-12 SEPTEMBRE 1897

AVANT-PROPOS

Si nous avons entrepris cet Index, ç'a été tout d'abord, comme on peut l'imaginer, parce que nous en avons personnellement senti le besoin. Le grand ouvrage de Bergaigne a ouvert tant de voies nouvelles à travers les questions si complexes qui se rattachent au développement des conceptions védiques; il dominait si complètement toutes les matières contenues dans le Rig-Véda; il était arrivé à grouper d'une manière si parfaite tous les passages connexes entre eux, qu'il éveillait chez ceux qui travaillent à l'interprétation des Védas le vif désir de connaître à fond chacun des aspects sous lesquels il avait examiné chacun des passages de ces textes. A mesure que nous approchions de la fin de ce travail de recensement, nous avons ressenti cette émotion sympathique qui nous unit mysérieusement à nos émules, « the fellow feeling » qui « makes one wondrous kind ». Il nous a semblé que la petite troupe des fervents scrutateurs des Védas, qui, en dépit de légères différences d'opinion, travaillent *sadhuraḥ... samāne yoktre* à la même noble tâche, recevront avec plaisir cet Index comme un complément de leurs propres annotations. Ainsi après avoir consulté MM. Barth et Henry et obtenu leur aide, cet Index a été publié sous la forme et à la place qui convenaient. Puisse-t-il contribuer à perpétuer le souvenir du grand érudit qui nous a été ravi si prématurément, au moment même où son activité était la plus féconde!

Maurice BLOOMFIELD.

Johns Hopkins University, juillet 1895.

ṚIG-VEDA

MAṆḌALA I

I. 1. 2 : 68 n, 71, 107.
1. 4 : 71 ; **2**. 293.
1. 5 : 40, 71 ; **3**. 187.
1. 6 : 47.
1. 8 : **2**. 242, 509 ; **3**. 230.
2. 1 : 27.
2. 3 : **2**. 69, 179.
2. 5 : **2**. 444 n.
2. 8 : **3**. 221, 258, 305[2], 307.
3. 3 : **3**. 38 n.
3. 5 : **2**. 279, 279 n.
3. 8 : 316 n.
3. 9 : **2**. 205 n ; **3**. 199.
3. 10-12 : 327.
4. 1 : **2**. 231.
4. 2 : **2**. 252.
4. 7 : **2**. 263.
4. 8 : **2**. 197, 252.
4. 9 : **2**. 236, 237[2], 238.
4. 10 : **2**. 232 n.
5. 1 : **2**. 287.
5. 3 : **2**. 477.
5. 4 : **2**. 171, 180 n.
5. 6 : **2**. 164 ; **3**. 61 n.
5. 7 : **2**. 244.
5. 8 : **2**. 273.
6. : **2**. 380, 382, 390.
I. 6. 1 : 228 ; **2**. 384.
6. 2 : **2**. 287 n, 392.
6. 4 : **2**. 400, 401[2] ; **3**. 294.
6. 5 : **2**. 74, 390.
6. 8 : 278 n ; **2**. 387 ; **3**. 199.
6. 9 : **2**. 505 n.
6. 10 : **2**. 176.
7. 2 : **2**. 262, 262 n, 279.
7. 3 : **2**. 183, 187, 191.
7. 4 : **2**. 172.
7. 5 : **2**. 172, 197.
7. 6 : 257 ; **2**. 186.
7. 9 : **2**. 138.
7. 10 : **2**. 228.
8. 1 : **2**. 176.
8. 2 : **2**. 176, 199.
8. 3 : **2**. 172, 183.
8. 6 : **2**. 177 n.
8. 7 : **2**. 239, 245.
8. 8 : **2**. 232.
9. 1 : 31 n, 159 n.
9. 4 : **2**. 268.
9. 5 : **2**. 406.
9. 7 : **2**. 177.
9. 10 : **2**. 219 n.
10. 1 : **2**. 237.
10. 4 : **2**. 237.

I. 10. 5 : **2**. 273.
10. 6 : **2**. 170.
10. 7 : **2**. 176, 180, 186.
10. 8 : **2**. 183, 186.
10. 11 : **2**. 189.
10. 12 : **2**. 275.
10. 19 : **3**. 188 n.
11. 1 : **2**. 171, 275.
11. 2 : **2**. 172.
11. 3 : **2**. 178, 212.
11. 4 : **2**. 164.
11. 5 : **2**. 183, 238, 320, 320 n.
11. 7 : **2**. 334; **3**. 82.
12. 3 : 72, 72 n.
12. 4 : 72.
12. 5 : **2**. 217.
12. 6 : **2**. 293.
12. 7 : **3**. 227.
12. 9 : **3**. 170.
13. : **2**. 100 n.
13. 3 : 305 n.
13. 4 : 65.
13. 5 : 194 n.
13. 6 : **3**. 242.
13. 7 : 248.
13. 9 : 322 [2].
13. 10 : **3**. 40, 58 n.
14. 3 : **2**. 116; **3**. 100.
14. 6 : 143; **2**. 280 n.
14. 7 : **3**. 255.
14. 8 : **2**. 293.
14. 9 : 71; **2**. 159, 160.
14. 10 : **3**. 111, 211 n.
14. 11 : 65.
14. 12 : 71, 143, 144.
15. 1 : **2**. 245.
15. 2 : **2**. 384.
I. 15. 3 : **3**. 47.
15. 6 : **2**. 116 n; **3**. 198, 256.
15. 10 : **2**. 124.
15. 11 : **2**. 286 n, 442 n, 509; **3**. 250.
16. 1 : **2**. 258.
16. 5 : **2**. 246.
16. 8 : **2**. 196.
16. 9 : **2**. 177.
17. 1 : **3**. 204.
18. 1 : 58; **2**. 479.
18. 3 : 306; **3**. 189.
18. 5 : 129, 299.
18. 6 : 305 n; **2**. 296.
18. 7 : 305 n; **2**. 284 n.
18. 8 : 305 n.
18. 9 : 305.
19. : **2**. 381.
19. 3 : **2**. 371; **3**. 199.
19. 4 : **2**. 384.
19. 7 : 257; **2**. 372.
19. 8 : **2**. 377.
20. 2 : **2**. 279, 284, 409, 410.
20. 3 : **2**. 410, 411, 431, 445, 505.
20. 4 : **2**. 411, 418; **3**. 186.
20. 5 : **3**. 100, 108.
20. 6 : **3**. 54 [2].
20. 7 : **2**. 135.
20. 8 : **2**. 409.
21. : **2**. 295.
21. 3 : **3**. 111 n.
21. 5 : **2**. 218, 296.
22. 1 : **2**. 431.
22. 3 : **2**. 226 n, 262 n, 433.
22. 6 : **2**. 18; **3**. 39, 253.

I. 22. 9 : 318; **2**. 59; **3**. 47.
22. 10 : 318, 320^2, 323.
22. 12 : 318; **2**. 270.
22. 14 : 238; **3**. 65.
22. 16 : **2**. 151 ; **3**. 213 n, 255.
22. 17 : **2**. 151, 416.
22. 18 : **2**. 151; **3**. 181, 198, 216, 218 n, 251.
22. 19 : **2**. 418; **3**. 251.
22. 20 : **2**. 415.
22. 21 : 104; **2**. 416.
23. 5 : **3**. 258.
23. 7 : **2**. 391.
23. 8 : **2**. 371, 383, 390, 428.
23. 9 : **2**. 198, 391.
23. 10 : **2**. 371, 397.
23. 11 : **2**. 374.
23. 12 : 251 ; **2**. 234, 376, 397; **3**. 154.
23. 13 : 208 n; **2**. 421, 422, 424, 425.
23. 14 : 208 n, 224; **2**. 75, 422, 424, 425.
23. 15 : 173, 199, 208 n, 224; **2**. 424; **3**. 9 n.
23. 16 : 254, 260^2; **2**. 46.
23. 17 : 254, 255 n.
23. 18 : 254, 276.
23. 19 : 198, 253, 254.
23. 20 : 185, 253, 254.
23. 21 : 6, 253, 254.
23. 22 : 254; **3**. 174, 185, 265.
23. 23 : 254.
23. 24 : **2**. 310 n.
24. : **3**. 162.
I. 24. 1 : **3**. 161.
24. 2 : 140.
24. 7 : **3**. 124 n.
24. 8 : **3**. 118.
24. 10 : 156; **3**. 119, 198, 257.
24. 11 : 126.
24. 12 : 275.
24. 13 : 275; **3**. 198.
24. 14 : **3**. 87.
24. 15 : **3**. 160, 263.
25. : **3**. 155.
25. 1 : **3**. 176, 221, 263.
25. 3 : **3**. 152 n, 153 n.
25. 4 : **2**. 231 n.
25. 6 : **3**. 263.
25. 8 : 157 n; **2**. 129; **3**. 256.
25. 9 : **2**. 375.
25. 10 : **3**. 141 n, 256.
25. 11 : **3**. 166.
25. 13 : **3**. 119, 130, 166.
25. 14 : **3**. 198.
25. 16 : **2**. 231 n.
25. 19 : **3**. 156.
25. 21 : **3**. 163.
26. 1 : **2**. 55.
26. 4 : 67.
26. 6 : **2**. 293.
26. 8 : 118, 141.
26. 9 : **2**. 230.
26. 10 : 19.
26. 13 : **2**. 280.
27. 1 : 143.
27. 4 : 293.
27. 5 : **2**. 133.
27. 9 : 126 n.
27. 10 : **3**. 36.

I. 27. 12 : 244.
27. 13 : **2.** 76.
28. : **2.** 22.
28. 4 : 224; **3.** 7 n.
28. 5 : 224.
28. 6 : 26.
28. 9 : **2.** 80.
29. 1 : **2.** 177.
29. 5 : **2.** 504[2].
29. 6 : 26.
30. 1 : **2.** 245, 246.
30. 2 : **2.** 246[2].
30. 3 : **2.** 245, 246.
30. 4 : **2.** 246.
30. 5 : **2.** 286.
30. 14 : **2.** 168; **3.** 215.
30. 15 : **2.** 168; **3.** 215.
30. 16 : **2.** 310.
30. 18 : **2.** 433, 509, 510.
30. 19 : **2.** 82, 502.
30. 20 : 244.
30. 21 : 245.
31. 1 : 47, 48; **2.** 375; **3.** 219, 228.
31. 2 : 47 n, 61; **2.** 52, 406, 474; **3.** 222, 254.
31. 3 : 55, 87, 114, 292; **2.** 6.
31. 4 : 32 n, 68; **2.** 4, 92, 94, 325 n.
31. 5 : 120.
31. 6 : **3.** 65 n, 170.
31. 7 : 83, 118.
31. 9 : **2.** 4; **3.** 199.
31. 10 : **3.** 181, 197, 228.
31. 11 : 38, 59, 61[2], 112, 325; **2.** 11, 94, 324 n.
31. 12 : **3.** 228.

I. 31. 13 : 31, 93.
31. 14 : 41; **2.** 498; **3.** 176.
31. 16 : 42.
31. 17 : 48, 66, 71; **2.** 324 n.
31. 18 : **2.** 10.
32. : **2.** 186, 200.
32. 1 : 258; **2.** 192, 204, 363.
32. 2 : 137, 259; **2.** 192, 204; **3.** 45, 49.
32. 3 : 178; **2.** 204, 207, 249.
32. 4 : **2.** 188, 192, 199, 204, 207, 334; **3.** 80.
32. 5 : **2.** 204, 207, 221, 334.
32. 7 : **2.** 202, 203[2], 204, 221, 476.
32. 8 : **2.** 201, 203, 204.
32. 9 : **2.** 200 n, 203, 204, 206, 220[2], 221, 399.
32. 10 : **2.** 190, 201, 204.
32. 11 : 259; **2.** 186, 201, 204[2], 211[2], 319.
32. 12 : **2.** 134, 140, 173 n, 184[2], 195, 459 n; **3.** 61.
32. 13 : **2.** 203, 204, 207.
32. 14 : 174; **2.** 204, 205 n, 206, 357; **3.** 62.
32. 15 : **2.** 163.
33. 1 : **2.** 177.
33. 2 : **2.** 231 n.
33. 3 : **2.** 178.
33. 4 : **2.** 215[2], 216.
33. 5 : **2.** 215, 216; **3.** 246.
33. 6 : **2.** 310, 476; **3.** 166 n.
33. 7 : **2.** 215.

I. 33. 8 : 156 ; **2**. 188 ; **3**. 167, 208 n.
33. 9 : **2**. 215.
33. 10 : **2**. 183, 263 ; **3**. 80.
33. 11 : **2**. 165, 186.
33. 12 : **2**. 172, 220, 334.
33. 13 : **2**. 203.
33. 14 : **2**. 337, 497 ; **3**. 11 n,
33. 15 : **3**. 11 n, 330.
34. 2 : **2**. 40, 486 n. 492, 493, 501 ; **3**. 334.
34. 3 : **2**. 226, 262 n, 433, 500.
34. 4 : 284 ; **3**. 250.
34. 5 : **2**. 487, 490, 501.
34. 6 : **2**. 436, 500.
34. 7 : **2**. 119 n, 500.
34. 8 : 264 ; **2**. 121, 132[2], 345 n, 500.
34. 9 : **2**. 471 n, 501, 504, 504 n.
34. 10 : **2**. 432 ; **3**. 217, 250.
34. 11 : **2**. 146 n.
34. 12 : **2**. 236, 471 n.
35. : **3**. 56.
35. 1 : **3**. 56.
35. 2 : 194 n ; **3**. 50, 52 n, 56.
35. 3 : **3**. 50.
35. 4 : **2**. 281 n.
35. 5 : **3**. 57, 169, 289.
35. 6 : 85[2], 195, 196 ; **2**. 39, 98, 117, 124, 501, 502 n ; **3**. 51 n, 208 n.
35. 7 : 6 ; **3**. 50[2], 51, 52 n, 86, 289.
35. 8 : **2**. 125, 151 ; **3**. 50, 52 n, 289, 290, 303[2].

I. 35. 9 : **2**. 117 ; **3**. 50.
35. 10 : **2**. 216 n, 218 n, 476 ; **3**. 55 n, 86, 154.
35. 11 : **3**. 51.
36. 3 : 72.
36. 4 : 103 ; **3**. 109, 132.
36. 5 : **3**. 228.
36. 6 : **2**. 293.
36. 7 : 66[2] ; **2**. 199.
36. 8 : 143 ; **2**. 199, 463.
36. 10 : 67, 112 ; **2**. 301, 448, 463[2].
36. 11 : **2**. 242, 301, 463[2] ; **3**. 223, 234.
36. 12 : **3**. 170.
36. 13 : 13 n.
36. 15 : **2**. 217[2], 218 n ; **3**. 189.
36. 16 : **3**. 189.
36. 17 : **2**. 116, 301, 448 n, 463[2].
36. 18 : **2**. 223, 358, 359.
36. 19 : **2**. 463 ; **3**. 229, 234.
36. 20 : **2**. 216 n, 217 ; **3**. 189.
37. 2 : **2**. 369, 373, 376, 378.
37. 3 : **2**. 226 n, 383.
37. 4 : 293 ; **2**. 386.
37. 5 : **2**. 387.
37. 6 : **2**. 369.
37. 7 : **2**. 374.
37. 8 : **2**. 374.
37. 9 : **2**. 400.
37. 10 : **2**. 383, 397 n.
37. 11 : **2**. 18, 46, 256 n.
37. 12 : **2**. 374.
37. 13 : **2**. 383.

I. 38. 1 : **2**. 384.
38. 2 : **2**. 386, 387 ; **3**. 312.
38. 4 : **2**. 230, 397.
38. 5 : 91 ; **2**. 230.
38. 7 : **2**. 370, 372.
38. 8 : 251 ; **2**. 185, 373, 390 n, 397.
38. 9 : **2**. 372 ; **3**. 27, 30.
38. 10 : **2**. 374.
38. 11 : **2**. 377.
38. 12 : **2**. 373.
38. 13 : 300 n ; **3**. 135.
38. 14 : 280 ; **3**. 27, 28.
38. 15 : **2**. 235, 383.
39. 1 : **2**. 372.
39. 2 : **2**. 373 ; **3**. 80.
39. 3 : **2**. 375.
39. 4 : **2**. 370.
39. 5 : **2**. 374.
39. 6 : **2**. 374, 378, 380, 387.
39. 7 : **2**. 370, 396, 464[2].
39. 8 : **2**. 401 ; **3**. 154.
39. 9 : 9 ; **2**. 377, 396, 464.
40. 1 : **2**. 383.
40. 2 : 300 ; **2**. 383.
40. 3 : 299[2] ; **3**. 295, 296.
40. 4 : 324.
40. 5 : 299 ; **3**. 104.
40. 6 : **2**. 425.
41. : **3**. 185.
41. 1 : **3**. 188.
41. 4 : **3**. 222, 263.
41. 8 : **3**. 157.
41. 9 : **3**. 158.
42. 1 : **2**. 421, 423.
42. 2-4 : **2**. 429.
42. 4 : **3**. 189.
42. 6 : **2**. 425.
I. 42. 7 : **2**. 421 ; **3**. 309.
42. 10 : **2**. 423 n.
42. 31 : **3**. 189.
43. : **3**. 32 n.
43. 1 : **3**. 35, 38 n.
43. 2 : **3**. 38 n, 92 n.
43. 4 : **3**. 32, 36.
43. 5 : **3**. 36.
43. 8 : **3**. 189.
43. 9 : 184 ; **2**. 82 ; **3**. 213 n, 219, 220, 239.
44. 1 : 86 ; **2**. 160.
44. 2 : **2**. 14, 432.
44. 3 : 206 ; **2**. 255.
44. 8 : **2**. 432.
44. 9 : **2**. 160.
44. 10 : 44 ; **2**. 14.
44. 11 : 66.
44. 12 : 155.
44. 14 : **2**. 293, 432 ; **3**. 252, 256.
45. 1 : 186 n ; **3**. 99.
45. 2 : 144.
45. 3 : 48 ; **2**. 303 n, 469 ; **3**. 228.
45. 4 : **2**. 303 n.
45. 5 : **2**. 463.
46. 1 : **2**. 432.
46. 2 : 260 ; **2**. 506.
46. 3 : **2**. 441, 442.
46. 4 : **2**. 21, 438.
46. 6 : **2**. 433.
46. 7 : **2**. 284 n, 445 n.
46. 8 : **2**. 433, 433 n.
46. 9 : **2**. 440, 464 n ; **3**. 291.
46. 10 : 161, 199 ; **2**. 440 ; **3**. 238, 290.

I. 46. 11 : **2**. 440; **3**. 238.
46. 13 : 66, 88; **2**. 325 n, 502.
46. 14 : **2**. 432, 489, 505; **3**. 250.
47. 1 : **3**. 250.
47. 2 : **2**. 501 n.
47. 3 : **3**. 250.
47. 4 : **2**. 226, 262 n, 433.
47. 5 : **2**. 464; **3**. 250.
47. 6 : **2**. 449 n, 500.
47. 7 : **2**. 355, 356, 439, 501.
47. 8 : **2**. 255 n.
47. 9 : **2**. 432.
48. 3 : 247, 313.
48. 4 : 243; **2**. 464.
48. 5 : 246, 286.
48. 6 : 155, 244, 313.
48. 7 : 247.
48. 8 : 247.
48. 10 : 242, 247^{2}.
48. 11 : 298.
48. 12 : 245.
48. 14 : 247, 293; **2**. 185 n.
48. 15 : 246.
48. 16 : 324; **2**. 262 n.
49. 1 : 247.
49. 2 : 247.
49. 3 : **2**. 336.
50. 1 : 8, 14; **3**. 168.
50. 2 : 156; **3**. 168.
50. 3 : 13.
50. 4 : **2**. 460 n.
50. 5 : 6.
50. 6 : **3**. 119, 168.
50. 7 : 8; **3**. 168.
50. 8 : 8; **2**. 141.

I. 50. 9 : 8^{2}; **2**. 141.
50. 13 : **3**. 99, 107 n.
51. 1 : **2**. 176, 277.
51. 2 : **2**. 409.
51. 3 : **2**. 79 n, 264, 311, 468, 484.
51. 4 : **2**. 186, 191, 199, 201, 204.
51. 5 : **2**. 209, 210, 348^{2}, 348 n; **3**. 82.
51. 6 : **2**. 164, 209, 210^{2}, 222, 335, 342, 344.
51. 7 : **2**. 171.
51. 8 : **2**. 210, 215; **3**. 246.
51. 9 : **2**. 220; **3**. 246.
51. 10 : **2**. 280 n, 338.
51. 11 : **2**. 257, 334, 338, 340, 382 n.
51. 12 : **2**. 300.
51. 13 : **2**. 480, 497, 497 n.
51. 14 : **2**. 479.
52. 1 : **2**. 279, 405 n.
52. 2 : **2**. 199, 200.
52. 3 : **2**. 165, 250.
52. 4 : **2**. 196, 239.
52. 5 : **2**. 186, 224, 320, 329.
52. 6 : **2**. 173 n, 200, 201, 203, 205^{2}, 365 n.
52. 7 : **2**. 238, 274, 275^{2}; **3**. 45, 49.
52. 8 : 68; **2**. 191, 199^{2}, 203, 325^{2}.
52. 9 : **2**. 391.
52. 10 : **2**. 204, 252, 346.
52. 11 : **2**. 97 n.
52. 14 : **2**. 163, 186, 224.

I. 52. 15 : **2**. 276, 371, 391.
53. 1 : 87; **2**. 229 n, 345; **3**. 185 n.
53. 2 : V n; **2**. 180.
53. 4 : **2**. 209, 495.
53. 5 : **2**. 177, 178.
53. 6 : **2**. 197, 252.
53. 7 : **2**. 345, 346[2]; **3**. 80.
53. 8 : **2**. 146 n, 344, 348.
53. 10 : 60; **2**. 337, 338, 344.
53. 11 : 279 n.
54. 1 : **2**. 172, 184.
54. 3 : **2**. 284 n; **3**. 85 n.
54. 4 : **2**. 342; **3**. 80.
54. 5 : **2**. 333, 334.
54. 6 : **2**. 146 n, 331, 332, 356, 358; **3**. 203.
54. 7 : 131; **2**. 220 n.
54. 8 : **2**. 237.
54. 9 : **2**. 230, 243.
54. 10 : **2**. 74, 201.
55. 2 : **2**. 186.
55. 3 : **3**. 223, 247.
55. 4 : **2**. 179.
55. 5 : **2**. 166, 172.
55. 6 : **2**. 184, 191.
55. 7 : **2**. 228, 230, 279; **3**. 18 n, 182, 203.
55. 8 : **3**. 306.
56. 1 : **2**. 408 n.
56. 2 : **2**. 40 n, 269.
56. 3 : **2**. 334; **3**. 80.
56. 4 : **2**. 2, 187.
56. 5 : **2**. 199.
56. 6 : **2**. 199, 252.
57. 3 : **3**. 210 n, 212 n.
57. 6 : **2**. 187.
57. 9 : 20.
I. 57. 10 : 20.
58. 1 : 55, 87.
58. 2 : 15, 143.
58. 3 : 61, 144; **2**. 381.
58. 4 : 11, 26, 29, 43.
58. 5 : 26, 142, 144.
58. 6 : 54, 145.
58. 7 : **2**. 132.
58. 9 : 40.
59. : **2**. 153.
59. 1 : 19, 20, 38; **2**. 154.
59. 2 : 38, 103, 118; **2**. 81, 154, 155, 215.
59. 3 : 21 n; **2**. 156 n.
59. 4 : **2**. 4, 10, 44.
59. 5 : 140; **2**. 154[2], 294.
59. 6 : **2**. 154, 210 n, 294[2], 342, 352[3].
59. 7 : 43; **2**. 153.
60. 1 : 52, 56, 145; **2**. 52.
60. 2 : 41, 58, 119; **2**. 322; **3**. 309.
60. 3 : 12, 62, 293; **2**. 9.
60. 4 : 57.
60. 5 : 143; **2**. 302.
61. 1 : 312.
61. 2 : 312; **2**. 268.
61. 3 : 298; **2**. 169[2], 273[2].
61. 4 : **2**. 201 n, 268, 283, 286, 287; **3**. 97 n.
61. 5 : 284; **2**. 284.
61. 6 : **2**. 203; **3**. 45, 49, 62.
61. 7 : 266; **2**. 247, 417 n[2], 419; **3**. 60[3], 104.
61. 8 : 320 n; **2**. 163, 203, 272.
61. 9 : **2**. 163.
61. 10 : 259; **2**. 200, 203.

I. 61. 11 : **2**. 359.
61. 12 : **2**. 180 n, 199, 203.
61. 13 : 293; **2**. 171, 174.
61. 14 : 243; **2**. 40 n, 164, 269, 301.
61. 15 : **2**. 190.
61. 16 : 296; **2**. 226, 255 n, 280, 302.
62. : **2**. 307.
62. 1 : **2**. 277, 313, 316.
62. 2 : 293; **2**. 308, 313, 316.
62. 3 : 290, 301, 302; **2**. 291, 307.
62. 4 : **2**. 145, 149, 307, 310[2], 316, 317, 320[2].
62. 5 : **2**. 118, 184, 191[2], 194, 311, 316.
62. 6 : 208 n; **2**. 138, 184.
62. 7 : **2**. 316.
62. 8 : 250.
62. 9 : 250; **2**. 83 n[2], 195, 221.
62. 10 : 197; **2**. 268; **3**. 223, 246, 247 n.
62. 11 : 293; **2**. 268[2].
62. 12 : **2**. 212.
62. 13 : 243; **2**. 255 n, 293, 301, 302.
63. 1 : **2**. 164.
63. 2 : **2**. 239, 254, 256, 256 n, 257, 258, 260, 279; **3**. 247 n.
63. 3 : **2**. 335, 336, 412; **3**. 203.
63. 4 : **2**. 203, 211; **3**. 115 n.
63. 5 : **2**. 172.
63. 6 : **2**. 186.
I. 63. 7 : **2**. 140, 305, 351, 353, 361.
63. 9 : **2**. 256, 302.
64. 1 : 243, 282; **2**. 301 n, 302.
64. 2 : **2**. 373, 379, 388, 397; **3**. 34[2], 86.
64. 3 : **2**. 370, 374, 377.
64. 4 : **2**. 262 n, 369, 373, 376, 397; **3**. 34.
64. 5 : 315; **2**. 94, 373, 375.
64. 6 : 257, 260; **2**. 283 n, 372[3], 376 n; **3**. 35.
64. 7 : **2**. 377; **3**. 81.
64. 8 : **2**. 205 n, 373, 401.
64. 9 : 251; **2**. 205 n, 390 n, 401.
64. 10 : **2**. 261 n, 262 n[2], 373; **3**. 37.
64. 11 : **2**. 373[2].
64. 12 : **3**. 34.
64. 13 : **3**. 309.
65. 1 : **2**. 202, 284 n.
65. 3 : **3**. 220, 222, 234, 255.
65. 4 : **3**. 230.
65. 6 : 143, 155.
65. 7 : **2**. 20.
65. 8 : 26.
65. 9 : 144; **2**. 17.
65. 10 : 142, 166; **2**. 406; **3**. 229, 237.
66. 1 : 13.
66. 2 : 145.
66. 4 : 43 n.
66. 5 : **3**. 304.
66. 6 : 144.
66. 7 : 15.

I. 66. 8 : 89; **2**. 49, 98.
66. 9 : **2**. 60.
67. 2 : **3**. 318.
67. 3 : 110; **2**. 84.
67. 4 : 110; **2**. 84.
67. 5 : 140; **2**. 5; **3**. 21, 183 n.
67. 6 : **2**. 75, 77.
67. 7 : **2**. 75.
67. 8 : **3**. 222, 235.
68. 1 : 71.
68. 2 : 140; **3**. 334.
68. 3 : **2**. 6.
68. 4 : 97; **3**. 222, 233.
68. 5 : **3**. 241.
68. 7 : 68.
68. 9 : 41; **3**. 305.
68. 10 : V n, 156.
69. 1 : 16; **2**, 2, 14.
69. 2 : 140; **2**. 103 n; **3**. 310.
69. 3 : **2**. 8.
69. 5 : 12.
69. 6 : 101.
69. 7 : **3**. 221, 228.
69. 9 : 316 n; **2**. 2, 14.
70. 1-2 : 118.
70. 2 : **3**. 254.
70. 3 : 21; **2**. 17.
70. 4 : 21.
70. 6 : 118.
70. 7 : **2**. 15; **3**. 229.
70. 8 : 105.
70. 9 : **2**. 57.
70. 10 : 107, 145.
70. 11 : 145.
71. 1 : 248; **2**. 68.
71. 2 : 134; **2**. 308.
I. 71. 3 : **2**. 219 n, 273 n; **3**. 220 n, 241.
71. 4 : 54[2]; **2** 444 n.
71. 5 : **2**. 104, 110[2], 110 n, 112, 308; **3**. 30, 34[2].
71. 6 : **2**. 237.
71. 8 : **2**. 375; **3**. 199.
71. 9 : 14 n, 195 n; **3**. 125.
72. : 195 n; **2**. 315.
72. 1 : 41, 101, 196.
72. 2 : 22, 110, 142; **2**. 76.
72. 3 : 98, 110; **2**. 117 n, 401 n; **3**. 294.
72. 4 : 22, 132 n, 240; **2**. 76, 401 n.
72. 5 : 98, 110.
72. 6 : 195, 240; **2**. 76, 122, 135.
72. 7 : 72.
72. 8 : **2**. 135, 314; **3**. 232.
72. 9 : 98; **3**. 90.
72. 10 : 132, 159, 313; **2**. 60; **3**. 168.
73. 1 : 41, 107, 145.
73. 2 : **3**. 187, 310.
73. 3 : 13 n.
73. 5 : **2**. 218 n.
73. 6 : 298, 310; **2**. 68; **3**. 242.
73. 7 : 75 n.
73. 8 : **2**. 4.
73. 10 : 89 n.
74. 3 : **2**. 294.
74. 5 : 47.
75. 2 : 47.
75. 5 : **3**. 231.
76. 2 : **3**. 181, 197.
76. 3 : 71; **2**. 217[2].

I. 76. 4 : 39, 297.
76. 5 : 44, 66[2]; **3**. 187.
77. 1 : **3**. 230.
77. 2 : **3**. 230.
77. 3 : **2**. 215; **3**. 134, 304.
77. 5 : **2**. 302; **3**. 230.
78. 1 : **2**. 302.
78. 3 : 48.
78. 4 : **2**. 210, 294[2].
79. 1 : 27; **2**. 206, 206 n; **3**. 199 n.
79. 2 : 228, 230; **2**. 51, 461.
79. 3 : 141; **2**. 80, 101 n, 505, 505 n; **3**. 107 n, 109, 122, 259.
79. 6 : **2**. 217; **3**. 190.
79. 9 : **3**. 170.
79. 10 : 283; **2**. 302.
79. 11 : **2**. 236.
79. 12 : 31 n; **2**. 217; **3**. 190.
80. 1 : 277 n; **2**. 204, 206, 249, 277.
80. 2 : 173, 174; **2**. 202, 248[2], 252, 253, 277.
80. 3 : **2**. 186, 277.
80. 4 : **2**. 186, 202, 277, 372, 391.
80. 5 : **2**. 182 n, 201[3], 203, 277; **3**. 203.
80. 6 : **2**. 277.
80. 7 : **2**. 220, 277; **3**. 82.
80. 8 : **2**. 146 n, 170, 187, 277.
80. 9 : **2**. 277.
80. 10 : **2**. 197, 277.
80. 11 : **2**. 277, 390.
80. 12 : **2**. 203[2], 277.
80. 13 : **2**. 203, 204, 277.
I. 80. 14 : **2**. 277; **3**. 58 n.
80. 15 : **2**. 238, 277; **3**. 305.
80. 16 : 49, 67, 68, 293; **2**. 277, 321, 325, 458[2].
81. 1 : **2**. 172, 196, 236.
81. 4 : **2**. 172.
81. 5 : **2**. 118, 163.
81. 6 : **2**. 218 n.
81. 7 : **2**. 178, 227, 230; **3**. 203.
81. 9 : **2**. 218 n, 226.
82. 1 : **2**. 254.
82. 2 : 293; **2**. 254.
82. 3 : **2**. 254.
82. 4 : **2**. 178, 254, 255, 260.
82. 5 : **2**. 254, 269.
82. 6 : **2**. 254, 269, 279, 429.
83. 1 : **2**. 178.
83. 2 : **2**. 231 n.
83. 3 : **3**. 246.
83. 4 : 135; **2**. 319.
83. 5 : 49, 88; **2**. 3 n, 39 n, 321, 338, 339; **3**. 225.
83. 6 : 281.
84. 1 : 160; **2**. 2, 250.
84. 3 : 281; **2**. 171, 196, 279.
84. 4 : **3**. 245.
84. 6 : **2**. 171.
84. 10 : **2**. 58, 69, 254, 397.
84. 11 : **2**. 58, 69, 248, 254, 397.
84. 12 : **3**. 222, 246, 247 n.
84. 13 : **2**. 146 n, 207, 458.
84. 14 : **2**. 82, 458; **3**. 24.

I. 84. 15 : 158; **2**. 82, 458; **3**. 49.
84. 16 : 310; **2**. 278; **3**. 223, 240.
84. 19 : **3**. 204.
84. 20 : **3**. 182.
85. 1 : **2**. 371, 376, 379; **3**. 34.
85. 2 : **2**. 370, 384, 391, 397, 400.
85. 3 : **2**. 372, 376, 397.
85. 4 : **2**. 373, 374, 378.
85. 5 : 241, 258; **2**. 79, 372, 376 n, 382; **3**. 35.
85. 6 : **2**. 378, 379².
85. 7 : **2**. 379, 383, 400, 419.
85. 8 : **2**. 392.
85. 9 : **2**. 199; **3**. 49.
85. 10 : **2**. 372², 383, 392.
85. 11 : 257; **2**. 66, 302, 372, 396 n, 475; **3**. 252.
86. 2 : **2**. 286 n.
86. 8 : 139 n; **2**. 384.
86. 9 : **2**. 218 n.
86. 10 : **2**. 379; **3**. 301.
87. 1 : 156 n, 250², 316 n; **2**. 376.
87. 2 : 208 n; **2**. 378, 379, 382, 434 n, 492 n.
87. 3 : **2**. 94, 373, 374.
87. 4 : **3**. 164, 182 n, 199.
87. 5 : 150, 293; **2**. 385, 386, 401; **3**. 211 n, 294.
87. 6 : **2**. 261 n², 262 n, 385, 386; **3**. 211 n, 294.
88. 1 : 11; **2**. 373³, 379, 383; **3**. 81.
I. 88. 2 : **2**. 378.
88. 3 : 258; **2**. 373.
88. 4 : 135, 257; **2**. 302, 372, 396 n, 475.
88. 5 : **2**. 302, 377, 389, 396 n, 401, 475.
88. 6 : **2**. 389.
89. 1 : **2**. 236; **3**. 198, 318.
89. 2 : **3**. 199.
89. 3 : 328; **2**. 498; **3**. 94.
89. 4 : 34 n; **2**. 436.
89. 5 : **2**. 236, 420, 424 n, 425; **3**. 181, 198.
89. 6 : **2**. 498.
89. 7 : 69; **2**. 293, 385, 397.
89. 10 : **2**. 139; **3**. 89, 93, 94.
90. 2 : **3**. 223, 257.
90. 4 : **2**. 421.
90. 6 : 34 n; **2**. 434; **3**. 254.
90. 7 : **2**. 118.
90. 8 : **2**. 434.
90. 9 : **3**. 104 n.
91. 1 : 150, 185.
91. 2 : 185.
91. 3 : 176, 210, 213; **3**. 103, 131, 134, 237, 238, 261.
91. 4 : 176, 177², 182, 224; **3**. 173, 212 n.
91. 5 : 218, 224; **2**. 266; **3**. 304, 318.
91. 7 : **3**. 239.
91. 8 : 224.
91. 10 : 182; **2**. 236.
91. 11 : **2**. 26; **3**. 173.
91. 13 : 153.
91. 17 : 148; **2**. 236.
91. 18 : 176, 194 n.

I. 91. 19 : 171, 175; **3**. 212 n.
91. 22 : 213; **2**. 41.
91. 23 : **3**. 288, 289.
92. 1 : 244, 245, 246; **2**. 489.
92. 2 : 245, 247.
92. 3 : 278 n, 287.
92. 4 : 245, 246², 316 n.
92. 5 : 244; **3**. 123.
92. 6 : 246.
92. 7 : 286 n; **2**. 302; **3**. 296.
92. 9 : 286².
92. 10 : 242, 247; **2**. 175 n.
92. 11 : 246, 248; **2**. 2.
92. 12 : 155, 245, 313; **2**. 2; **3**. 221, 255.
92. 15 : 247.
92. 17 : 286; **2**. 447.
93. : 167; **2**. 264.
93. 4 : **2**. 319.
93. 6 : 55, 167, 173; **2**. 274 n, 456 n; **3**. 7.
93. 8 : **3**. 239.
93. 12 : 263, 316.
94. 1 : **2**. 283 n.
94. 3 : **2**. 293.
94. 6 : 39, 44.
94. 7 : 12 n, 15.
94. 8 : 306.
94. 10 : 26, 143.
94. 11 : **2**. 38 n.
94. 12 : **3**. 170, 172.
94. 13 : **3**. 135.
94. 14 : 43; **3**. 170.
94. 15 : **3**. 92, 160, 170.
94. 16 : **3**. 90.
95. : **2**. 72 n; **3**. 47.
I. 95. 1 : 159; **2**. 15.
95. 2 : **2**. 12; **3**. 47, 48.
95. 3 : 23, 42.
95. 4 : **2**. 48, 52.
95. 5 : **2**. 6², 66; **3**. 47.
95. 6 : **2**. 6.
95. 7 : 13 n, 256.
95. 8 : 73; **2**. 67.
95. 9 : 103; **2**. 67; **3**. 181, 197, 212 n.
95. 10 : 17; **2**. 64, 67; **3**. 286.
95. 11 : **2**. 242.
96. 1 : 40, 44, 166.
96. 2 : 37, 61, 69, 86; **2**. 5, 20.
96. 3 : **2**. 215; **3**. 36.
96. 4 : 53; **2**. 5.
96. 5 : **2**. 4, 15.
97. 6 : 12 n, 195 n.
97. 7 : 12 n.
98. : **2**. 153.
98. 1 : 73.
98. 2 : 21; **2**. 154, 155.
100. : **2**. 391.
100. 1 : **2**. 172.
100. 2 : **2**. 161, 196.
100. 4 : **2**. 277, 311.
100. 5 : **2**. 412 n; **3**. 37 n.
100. 6 : **2**. 188, 240.
100. 8 : **2**. 188.
100. 9 : **2**. 240.
100. 11 : **2**. 177 n², 185 n.
100. 12 : **2**. 137, 162, 209, 412 n.
100. 13 : **2**. 172.
100. 14 : **3**. 305.
100. 16 : **2**. 324 n.

I. 100. 17 : **2**. 301; **3**. 10 n.
100. 18 : **2**. 188, 191, 211, 213, 310, 364.
100. 19 : **3**. 202.
101. : **2**. 391.
101. 1 : **2**. 172, 211, 348, 349.
101. 2 : **2**. 216, 221, 334, 341, 348[2]; **3**. 246.
101. 3 : **2**. 188; **3**. 142, 219, 222, 249.
101. 4 : **2**. 177.
101. 5 : **2**. 208, 298.
101. 6 : **2**. 172, 451.
101. 7 : **2**. 388.
101. 8 : **2**. 233.
101. 9 : **2**. 286, 287, 390.
102. 2 : 157; **2**. 151, 163, 166; **3**. 168.
102. 4 : **2**. 172, 180 n.
102. 5 : **2**. 174.
102. 6 : **2**. 174.
102. 7 : **2**. 197, 251.
102. 8 : **2**. 121, 163, 170.
102. 9 : **2**. 171, 180 n, 290.
102. 10 : **2**. 172.
103. 1 : **2**. 124, 162, 491 n.
103. 2 : **2**. 194, 204[2], 221[2].
103. 3 : **2**. 188, 208, 213, 237.
103. 4 : **2**. 209, 214.
103. 5 : **2**. 166, 184, 185.
103. 6 : **2**. 226.
103. 7 : **2**. 204, 272.
103. 8 : **2**. 199, 334 n, 341, 342, 348.
104. 2 : **2**. 213.
104. 3 : **2**. 334 n.
I. 104. 4 : 29, 60, 137; **2**. 102, 107.
104. 5-8 : **3**. 206.
104. 5 : **2**. 212, 317 n.
104. 6 : 306 n; **2**. 166, 168 n, 187, 189; **3**. 203.
104. 7 : **2**. 166.
104. 8 : **2**. 168 n.
104. 9 : **2**. 245, 253.
105. 1 : 9, 158; **2**. 75.
105. 2 : 239; **2**. 51; **3**. 10 n, 11.
105. 4 : 41.
105. 5 : **2**. 120.
105. 6 : **3**. 220 n.
105. 8 : **2**. 362 n.
105. 9 : 35, 36; **2**. 141, 326, 328.
105. 10 : **2**. 139, 141.
105. 12 : **3**. 225, 267, 290.
105. 13 : 66.
105. 14 : 66.
105. 15 : **3**. 132, 140, 262.
105. 16 : **3**. 110.
105. 17 : **2**. 329, 473.
106. 3 : 95, 237; **3**. 226.
106. 4 : 305; **2**. 237.
106. 5 : 67, 305.
106. 6 : **2**. 198, 335, 337.
107. 1 : **3**. 156.
107. 2 : **2**. 312; **3**. 101.
108. : **2**. 295.
108. 1 : **2**. 297.
108. 3 : **2**. 295[2].
108. 4 : **2**. 296.
108. 6 : **2**. 166; **3**. 69 n, 201.
108. 7-12 : **2**. 295.

I. 108. 8 : **2.** 354, 355, 356.

109. : **2.** 295.

109. 2 : 293.

109. 3 : **3.** 318.

109. 4 : 170; **2.** 494.

109. 5 : **2.** 295.

109. 6 : **2.** 295^{2}.

109. 7 : 82.

109. 8 : **2.** 295.

110. 2 : **2.** 403, 409; **3.** 52.

110. 3 : **2.** 409; **3.** 52, 54^{2}, 86.

110. 4 : **2.** 117 n, 403, 409, 418.

110. 5 : **3.** 54.

110. 6 : 284; **2.** 118, 409.

110. 7 : **2.** 412.

110. 8 : **2.** 74, 80^{2}, 403, 411^{2}.

111. 1 : **2.** 410, 411^{2}.

111. 2 : **2.** 407 n.

111. 4 : **2.** 404, 412.

111. 5 : **2.** 405.

112. 2 : **2.** 284 n.

112. 3 : 195, 315; **2.** 444, 474 n.

112. 4 : **2.** 54, 443, 505.

112. 5 : **2.** 464; **3.** 19.

112. 6 : **2.** 359 n, 449, 449 n, 473; **3.** 16 n.

112. 7 : **2.** 449, 449 n, 470, 475 n.

112. 8 : **2.** 435, 445 n, 460, 496 n.

112. 9 : 52 n; **2.** 337 n, 433, 448 n, 449.

112. 10 : **2.** 301 n, 489, 491 n.

I. 112. 11 : 58; **2.** 479, 480.

112. 12 : 317 n; **2.** 304 n, 433, 453 n, 475.

112. 13 : **2.** 440, 448 n, 450.

112. 14 : **2.** 305 n, 343, 435, 448 n, 449, 449 n.

112. 15 : **2.** 300 n, 437 n, 448, 453, 482, 496.

112. 16 : 68; **2.** 325 n, 448 n, 449 n, 454, 469, 474.

112. 17 : **2.** 435, 450; **3.** 13 n.

112. 18 : 68; **2.** 325 n, 448 n.

112. 19 : **2.** 449 n, 484.

112. 20 : **2.** 300 n, 486; **3.** 16 n, 243.

112. 21 : **2.** 437 n, 454; **3.** 30.

112. 22 : **2.** 435.

112. 23 : **2.** 336, 337 n, 350 n, 359, 448 n, 449, 449 n.

112. 24 : 297; **2.** 236.

112. 25 : **2.** 500.

113. 1 : 248; **2.** 406; **3.** 217.

113. 2 : 245, 248; **2.** 14 n. 46; **3.** 225.

113. 3 : 248.

113. 4 : **3.** 290, 296.

113. 5 : **2.** 438 n.

113. 6 : **3.** 312.

113. 7 : 246.

113. 8 : 243, 286; **2.** 438 n.

113. 9 : 286; **2.** 2^{2}, 14.

113. 10 : 286.

113. 12 : 245.

113. 13 : 197.

113. 14 : 246, 248.

113. 16 : 242; **3.** 71, 71 n.

I. 113. 17 : 242, 311 ; **3.** 19.
113. 18 : 279, 279 n.
113. 19 : 244, 247 ; **2.** 45 ; **3.** 95.
114. 1 : **3.** 32, 36.
114. 2 : 67, 68 ; **3.** 152.
114. 3 : **3.** 35, 152.
114. 4 : **3.** 36, 153.
114. 5 : **3.** 32, 36^{2}.
114. 6 : **2.** 273 ; **3.** 34, 152.
114. 7 : **3.** 152.
114. 8 : 61 ; **3.** 152.
114. 9 : 309 ; **3.** 34, 152.
114. 10 : **3.** 152.
115. 1 : 6, 14 ; **2.** 159 ; **3.** 117, 168.
115. 2 : 82 ; **2.** 2, 16, 66.
115. 3 : **2.** 331 n.
115. 4 : 7, 248.
115. 5 : 7 ; **2.** 118 n, 331^{2}, 423, 476 ; **3.** 6, 119, 168.
116. 1 : 279 ; **2.** 483, 484.
116. 2 : 89 n ; **2.** 326 n, 443, 504.
116. 3 : **3.** 12 n, 13, 14, 16.
116. 4 : **2.** 117 n, 501 n ; **3.** 11 n, 13^{2}, 13 n, 14 n.
116. 5 : **3.** 13, 15^{2}.
116. 6 : **2.** 219 n, 451^{2}, 452.
116. 7 : **2.** 454, 479, 479 n, 480.
116. 8 : **2.** 469, 470.
116. 9 : 257 ; **2.** 66, 302 n, 475.
116. 10 : **2.** 481, 482.
116. 11 : **3.** 19.
I. 116. 12 : 49, 280 ; **2.** 457, 458.
116. 13 : **2.** 428 n, 476^{2}, 478.
116. 14 : **2.** 445 n.
116. 15 : **2.** 489^{3}.
116. 16 : **3.** 6^{2}.
116. 17 : **2.** 487, 489.
116. 18 : **2.** 344 n, 448 n^{2}, 504.
116. 19 : **2.** 485, 500.
116. 20 : **2.** 435, 461, 473.
116. 21 : **2.** 301 n, 435, 509.
116. 22 : **2.** 474^{2}, 475.
116. 23 : **2.** 462^{2} ; **3.** 208.
116. 24 : **2.** 118 n, 128 n ; **3.** 11 n, 20.
117. 1 : **2.** 438.
117. 2 : **2.** 442 n.
117. 3 : **2.** 137 n, 468, 469^{2} ; **3.** 18, 81.
117. 4 : **2.** 454 n ; **3.** 20, 20 n.
117. 5 : **2.** 400 n ; **3.** 19, 19 n.
117. 6 : **2.** 435 n, 454, 480.
117. 7 : **2.** 462^{2}, 485.
117. 8 : **2.** 464, 465, 483.
117. 9 : **2.** 203 n, 452, 501 n.
117. 10 : **2.** 479.
117. 11 : **2.** 273, 274 n, 394, 448, 489.
117. 12 : **2.** 339, 339 n.
117. 13 : **2.** 482, 487, 493.
117. 14 : **3.** 10, 13^{2}, 16 n.
117. 15 : **3.** 10, 13, 17.
117. 16 : **2.** 435, 445 n^{2}.
117. 17 : **3.** 6^{2}. 18.

I. 117. 18 : **2**. 483; **3**. 6², 10, 10 n.
117. 19 : **2**. 435, 478.
117. 20 : **2**. 474², 484.
117. 21 : 199; **2**. 213 n; **3**. 8, 9 n².
117. 22 : 49; **2**. 457, 458; **3**. 49, 250.
117. 24 : 231; **2**. 428 n, 462, 476².
117. 25 : 61.
118. 1 : **2**. 442, 442 n; **3**. 208.
118. 2 : **2**. 236, 501.
118. 3 : 281; **2**. 446, 447 n; **3**. 10.
118. 4 : **2**. 442.
118. 5 : **2**. 442, 487².
118. 6 : **2**. 481; **3**. 10, 14 n, 19.
118. 7 : **2**. 464, 469, 470; **3**. 180.
118. 8 : **2**. 445 n.
118. 9 : **2**. 203 n, 219 n, 452.
118. 11 : **2**. 431, 443.
119. 1 : **2**. 442; **3**. 82.
119. 2 : 285, 299; **2**. 444, 471, 488, 490 n.
119. 3 : **2**. 435.
119. 4 : **2**. 344 n, 448 n; **3**. 12, 13, 13 n, 16 n.
119. 5 : **2**. 444 n, 486, 490.
119. 6 : **2**. 470, 474, 483; **3**. 18, 19.
119. 7 : **3**. 18, 18 n.
119. 8 : **3**. 17.
I. 119. 9 : 58, 146; **2**. 437 n, 458, 479 n, 480, 496 n.
119. 10 : 207; **2**. 449 n, 452.
120. 1 : 322 n; **2**. 501.
120. 4 : **3**. 176.
120. 5 : **2**. 480.
120. 7 : **3**. 6.
120. 8 : **2**. 444.
120. 10 : **2**. 444 n.
120. 12 : **2**. 229 n, 345.
121. 2 : 184; **2**. 51, 408.
121. 3 : **2**. 312.
121. 4 : **2**. 227, 252; **3**. 202, 248.
121. 6 : **2**. 2, 43; **3**. 212 n.
121. 8 : 171 n; **2**. 407 n.
121. 9 : **2**. 335, 412 n.
121. 10 : **2**. 335.
121. 11 : 240; **2**. 203², 220.
121. 12 : 169; **2**. 239, 241, 253, 257, 258, 266, 338, 340²; **3**. 49.
121. 13 : **2**. 146 n, 331, 332².
121. 15 : **2**. 178, 212.
122. 1 : 310; **3**. 34, 35.
122. 2 : 250.
122. 4 : 58, 60; **2**. 4, 18.
122. 5 : **2**. 485.
122. 7 : **2**. 479.
122. 8 : **2**. 324 n, 479.
122. 9 : **3**. 190, 264.
122. 10 : **2**. 324 n.
122. 11 : 195; **2**. 324 n.
122. 13 : **2**. 45.
122. 14 : 117, 298, 316 n; **2**. 219 n.
123. : **3**. 282.

I. 123. 1 : 128; **2**. 46, 259.
123. 2 : 244, 246², 247; **2**. 489.
123. 3 : **3**. 45, 169.
123. 4 : 243.
123. 5 : 128; **3**. 119, 297.
123. 6 : 242, 298.
123. 7 : 249².
123. 8 : **3**. 118, 213 n, 222, 256.
123. 9 : 246; **2**. 14, 46; **3**. 225.
123. 10 : 246; **2**. 14.
123. 11 : 246.
123. 12 : 243; **2**. 2.
123. 13 : 245, 286; **3**. 225.
124. 1 : **2**. 13, 15; **3**. 43, 50 n, 312.
124. 2 : 243; **3**. 221, 255.
124. 3 : 246, 287; **3**. 223, 225.
124. 4 : 243, 246, 286; **2**. 301.
124. 5 : 237, 245, 247, 313.
124. 6 : 117, 247.
124. 7 : 247; **2**. 14, 175 n.
124. 8 : 246, 248; **2**. 2.
124. 9 : 247.
124. 11 : 247; **2**. 13.
124. 12 : 243.
124. 13 : 298; **2**. 273, 274 n.
125. : 127.
125. 3 : **3**. 295.
125. 5 : 75; **3**. 208 n, 284.
125. 6 : 75², 82, 194 n; **3**. 208 n.
125. 7 : **3**. 236.
126. : 127.
I. 126. 2 : **2**. 342 n, 480 n; **3**. 71 n.
126. 3 : **2**. 480 n.
126. 4 : **2**. 479.
126. 5 : **2**. 479.
127. 1 : 40, 71; **2**. 8.
127. 2 : **2**. 313, 505².
127. 3 : 145; **3**. 47, 188.
127. 4 : **2**. 6; **3**. 47.
127. 5 : 143, 160; **2**. 54.
127. 6 : **2**. 374.
127. 7 : 52.
127. 8 : **2**. 286 n.
127. 10 : 43; **2**. 10 n; **3**. 19.
127. 11 : **3**. 7 n.
128. 1 : 65, 323; **3**. 197, 219, 222, 228, 232, 234.
128. 2 : 44, 55, 67; **3**. 235.
128. 3 : 29; **2**. 55 n; **3**. 169.
128. 4 : **3**. 305².
128. 5 : 306; **2**. 382.
128. 7 : 324 n; **2**. 444 n; **3**. 172.
128. 8 : 105.
129. 2 : **2**. 172, 188, 240.
129. 3 : **2**. 79; **3**. 34, 156.
129. 4 : **2**. 172.
129. 5 : **2**. 353; **3**. 203.
129. 6 : 150; **2**. 217.
129. 7 : **3**. 183 n.
129. 8 : **3**. 202.
129. 9 : **2**. 218.
129. 10 : **3**. 203.
129. 11 : **2**. 164, 218; **3**. 61 n.
130. 2 : **2**. 161², 246, 255.

I. 130. 3 : **2**. 311.
130. 4 : **2**. 203, 204.
130. 5 : 68, 259 ; **2**. 184, 325.
130. 6 : 61 ; **2**. 283, 444 n.
130. 7 : **2**. 146 n, 342[2], 343, 351, 353.
130. 8 : 68 ; **2**. 79, 190, 214, 215, 216, 325 ; **3**. 247.
130. 9 : 68 n, 287 ; **2**. 187, 325, 338[3], 339.
130. 10 : **2**. 273, 343.
131. 1 : **2**. 235 ; **3**. 77, 85.
131. 2 : **2**. 279.
131. 3 : 117 ; **2**. 133, 188.
131. 4 : **2**. 185, 211, 352[2].
131. 5 : **2**. 322.
131. 6 : 293.
131. 7 : **2**. 172.
132. 1 : **2**. 172.
132. 2 : **2**. 143 n.
132. 3 : **2**. 178 ; **3**. 248.
132. 4 : **2**. 174, 183, 311, 313 ; **3**. 246.
133. 1 : 137 ; **2**. 218, 240 ; **3**. 202, 244.
133. 2 : **2**. 218.
133. 3 : **2**. 218.
133. 5 : **2**. 218.
133. 6 : **2**. 142 n.
134. : **2**. 244 n.
134. 1 : **2**. 380 n ; **3**. 295, 296, 296 n.
134. 2 : 189 ; **2**. 55.
134. 3 : 26 ; **2**. 477.
134. 4 : **2**. 375 ; **3**. 35.
134. 5 : **3**. 69, 251.

I. 134. 6 : 171.
135. : **2**. 244 n.
135. 2 : 62, 210.
135. 3 : 161.
135. 5 : 222 ; **2**. 25.
135. 6 : 148 ; **2**. 31.
135. 7 : 281 ; **2**. 229, 345 ; **3**. 296, 297.
135. 8 : 149 n ; **2**. 212.
135. 9 : 161, 171, 197.
136. 1 : **3**. 156.
136. 2 : 129 n ; **3**. 168, 259.
136. 3 : **3**. 95, 121 n. 122, 166.
136. 5 : **3**. 186, 222[2], 262.
136. 6 : **3**. 104 n, 156.
137. 2 : 149 ; **2**. 2 ; **3**. 217, 238, 262.
137. 3 : **2**. 83 n.
138. 2 : **2**. 429.
138. 4 : **2**. 423 n.
139. 1 : 87, 293.
139. 2 : 150 n ; **3**. 264.
139. 3 : 61 ; **2**. 433.
139. 4 : **2**. 432.
139. 5 : **2**. 212, 444 n, 500.
139. 6 : **2**. 286, 287 ; **3**. 204.
139. 7 : 135, 310 ; **2**. 313.
139. 9 : 37, 48[2], 68 ; **2**. 303, 458, 463, 468.
139. 10 : **2**. 447 n.
139. 11 : **2**. 146 n.
140-164 : **2**. 465.
140. 1 : **2**. 7, 10.
140. 2 : 29, 32 ; **2**. 52, 444 n.
140. 3 : **2**. 4, 112.
140. 4 : 26, 68, 143.

I. 140. 5 : 15, 143, 315.
140. 6 : 142 ; **2.** 49.
140. 7 : **2.** 62, 63, 65, 75.
140. 8 : **2.** 49, 63 ; **3.** 71 n, 72.
140. 9 : **2.** 48.
140. 10 : 145 n ; **2.** 60.
140. 11 : 124, 307 ; **2.** 389 n.
141. 1 : 298 ; **2.** 68 ; **3.** 242.
141. 2 : 22 ; **2.** 99, 134.
141. 3 : 54 ; **2.** 75, 107.
141. 4 : 18, 118 ; **2.** 98, 107.
141. 5 : **2.** 64, 64 n, 400 n.
141. 6 : 118, 306 ; **3.** 311.
141. 7 : 26, 71, 144, 145 ; **3.** 206 n.
141. 8 : 71, 144.
141. 9 : 140 ; **2.** 406, 406 n ; **3.** 102, 256, 310, 316.
141. 11 : 117 ; **2.** 133 ; **3.** 219, 238.
141. 13 : **2.** 3.
142. : 322, 333.
142. 2 : **2.** 100 n.
142. 3 : 305 n ; **2.** 226, 262 n.
142. 4 : 309.
142. 6 : **3.** 242.
142. 7 : 250 ; **3.** 225.
142. 9 : 322, 323, 325 ; **2.** 388.
142. 10 : **3.** 57.
142. 11 : 267.
142. 12 : **2.** 375, 429 n.
143. 1 : 29, 293 ; **2.** 18, 37.
143. 2 : 16, 55, 103 ; **2.** 5[2].
143. 3 : 155.

I. 143. 4 : 54 ; **2.** 10[2] ; **3.** 131 n.
143. 5 : 15 ; **2.** 374.
143. 6 : **2.** 10.
143. 7 : 143, 285 ; **3.** 223, 230.
143. 8 : **3.** 181, 197.
144. 1 : 285 ; **2.** 9 ; **3.** 82, 222, 228, 242.
144. 2 : **2.** 61 ; **3.** 242.
144. 4 : 159[2] ; **2.** 15, 418.
144. 5 : **2.** 10, 64.
144. 7 : 12 n ; **3.** 229.
145. 1 : 41.
145. 2 : 41 n ; **3.** 309.
145. 3 : **2.** 8, 54.
145. 4 : **2.** 54.
145. 5 : 41, 145 n ; **2.** 17, 64, 80 ; **3.** 182 n, 235.
146. 1 : 16, 23 ; **2.** 4, 81, 147, 150, 152.
146. 2 : 142.
146. 3 : **2.** 4.
146. 4 : 132, 136 n.
146. 5 : 143 ; **2.** 52, 444 n.
147. : **2.** 287 n.
147. 1 : 59 ; **3.** 254[2].
147. 3 : **2.** 466, 498 ; **3.** 181, 189, 191.
147. 4 : **3.** 191.
147. 5 : **3.** 191.
148. 1 : 54, 112.
184. 2 : 42 ; **3.** 182, 197.
148. 3 : 144, 147.
148. 4 : 26, 145.
148. 5 : **3.** 181, 197.
149. 3 : 13, 15, 143 ; **2.** 58 n, 221, 294.

I. 149. 4 : 105, 234; **2**. 52, 118, 150, 152.
149. 5 : **2**. 52.
150. 1 : 28; **2**. 219.
150. 2 : **2**. 219.
151. : **3**. 135 n.
151. 1 : 114, 292; **2**. 17.
151. 2 : **3**. 309.
151. 3 : **3**. 217, 259.
151. 4 : 259; **3**. 87, 122.
151. 5 : 122 n.
151. 6 : 297; **3**. 132, 217, 260.
151. 8 : 317.
151. 9 : **3**. 81.
152. : **3**. 97 n.
152. 1 : **3**. 130, 264.
152. 2 : 296, 311; **3**. 183 n.
152. 3 : 318; **2**. 389; **3**. 264.
152. 4 : **2**. 51; **3**. 117 n, 212 n.
152. 5 : 228, 270; **3**. 212 n. 213 n.
152. 6 : **2**. 466; **3**. 97, 122 n.
152. 7 : 298; **2**. 185; **3**. 122.
153. 1 : **3**. 130.
153. 2 : **3**. 213 n, 262, 315.
153. 3 : **2**. 60; **3**. 95, 217, 259.
153. 4 : 263, 316.
154. 1 : **2**. 118, 417[2].
154. 2 : **2**. 416, 417, 417 n; **3**. 60.
154. 3 : **2**. 417[2].
154. 4 : 178; **2**. 119, 416, 419.
I. 154. 5 : 82; **2**. 415; **3**. 208 n.
154. 6 : **2**. 415, 415 n, 417.
155. 1 : **3**. 203.
155. 2 : **2**. 417 n; **3**. 60.
155. 3 : 238; **2**. 108, 124, 125 n, 416, 418.
155. 4 : **2**. 415.
155. 5 : **2**. 124, 501.
155. 6 : **2**. 418.
156. 2 : **2**. 418.
156. 3 : **2**. 418; **3**. 251.
156. 4 : **2**. 383, 418, 419; **3**. 308.
156. 5 : **2**. 215, 416, 418.
157. 1 : **2**. 13, 432.
157. 2 : **2**. 226, 433, 435.
157. 3 : **2**. 501.
157. 4 : **2**. 226 n, 262 n[2], 433, 435.
157. 5 : **2**. 433, 440, 476.
157. 6 : **2**. 436.
158. : **2**. 466.
158. 1 : **2**. 436 n, 465; **3**. 38 n.
158. 2 : **2**. 77, 478 n, 502.
158. 3 : **2**. 479; **3**. 10, 14.
158. 4 : **2**. 465, 506, 508.
158. 5 : 260; **2**. 211, 327 n.
158. 6 : **2**. 465, 483.
158. 7 : **2**. 9.
159. 1 : 237; **3**. 226.
159. 2 : 239; **3**. 199.
159. 3 : 132; **3**. 183 n, 187, 218.
159. 4 : 132; **3**. 82.
159. 5 : **3**. 217.
159. 7 : **3**. 297.
160. 1 : 241; **3**. 225, 226.

I. 160. 2 : 237 ; **2**. 44.
160. 3 : **2**. 44, 99, 398 ; **3**. 82.
160. 4 : 237, 278 n ; **2**. 44, 118.
161. 1 : **2**. 395.
161. 2 : **2**. 403, 409 ; **3**. 54.
161. 3 : **2**. 410², 411², 445.
161. 4 : **2**. 59 ; **3**. 47, 54, 55.
161. 5 : **2**. 270, 409 n.
161. 6 : **2**. 403, 409², 410², 411, 445.
161. 7 : **2**. 80, 86, 403, 409, 410 n, 411².
161. 8 : 177 ; **2**. 130 n, 403, 409.
161. 9 : 170 n, 251 ; **2**. 403, 412 ; **3**. 54, 265.
161. 10 : **2**. 403, 411², 411 n, 412.
161. 11 : **3**. 53.
161. 12 : **3**. 53.
161. 13 : **2**. 270 ; **3**. 53.
161. 14 : 27 ; **3**. 129.
162. 1 : 60, 269² ; **2**. 412 ; **3**. 104 n.
162. 2 : 273³ ; **2**. 427 ; **3**. 114 n.
162. 3 : 273³ ; **2**. 427 ; **3**. 48.
162. 4 : 273².
162. 5 : 272.
162. 7 : **2**. 482 n.
162. 9 : **2**. 496 ; **3**. 179.
162. 16 : 273.
162. 18 : 271.
I. 162. 19 : 271, 273 ; **2**. 284 n ; **3**. 48.
162. 20 : 274 ; **2**. 281 n.
162. 21 : 272, 273, 274 ; **2**. 387, 504, 504 n.
162. 22 : 274 ; **3**. 92, 160.
163. 1 : 269², 270.
163. 2 : 89 n, 270, 273 ; **2**. 329 ; **3**. 65.
163. 3 : 89 n, 231, 270, 273, 274 ; **2**. 327, 329 ; **3**. 237.
163. 4 : 231, 271 ; **3**. 131.
163. 5 : 270, 273 ; **2**. 111 n ; **3**. 239.
163. 6 : 270 ; **2**. 82.
163. 7 : 270, 271, 272 ; **2**. 76 n, 77, 82.
163. 8 : 269.
163. 9 : 270, 271, 272, 273.
163. 10 : 270.
163. 11 : 27, 269, 272.
163. 12 : 269, 272, 273, 274² ; **2**. 101, 427 ; **3**. 19.
163. 13 : 272, 274².
164. 1 : 22, 115 ; **2**. 149, 152 ; **3**. 8 n.
164. 2 : **2**. 130, 152, 260.
164. 3 : 148, 229 ; **2**. 74, 152, 260, 281.
164. 4 : 99 ; **2**. 99, 104, 108, 459.
164. 5 : **2**. 76, 141, 152 ; **3**. 176.
164. 6 : 229 ; **2**. 104, 122, 127, 128, 143, 144 ; **3**. 22.

I. 164. 7 : 229; **2**. 69, 77, 82, 86, 122.
164. 8 : **2**. 113; **3**. 63, 104, 148 n, 243.
164. 9 : 128; **2**. 54, 58, 68, 113, 128; **3**. 63, 285.
164. 10 : 291; **2**. 121.
164. 11 : **2**. 260; **3**. 225.
164. 12 : **2**. 103, 104, 108, 126, 129, 150, 260.
164. 13 : **2**. 260.
164. 14 : 6, 8; **2**. 67; **3**. 168.
164. 15 : 37; **2**. 143, 144 n, 150, 152, 412; **3**. 211 n, 213 n, 216 n, 232.
164. 16 : 230; **2**. 104, 108, 109 n, 128, 301 n, 388 n.
164. 17 : 318, 321, 322; **2**. 85, 104, 108.
164. 18 : **2**. 104, 108; **3**. 334.
164. 19 : **2**. 76 n, 87 n, 265.
164. 20 : 199, 232; **2**. 108; **3**. 14.
164. 21 : 146, 197 n; **2**. 76 n, 87 n, 104.
164. 22 : 146, 199; **2**. 76 n, 87 n, 104.
164. 23 : 74; **2**. 410 n; **3**. 208 n.
164. 24 : 285; **2**. 132.
164. 25 : 289, 298.
164. 26 : 315; **2**. 471, 507; **3**. 46.
164. 27 : **2**. 507.
I. 164. 28 : 280; **2**. 83 n, 89, 471, 507.
164. 29 : 251, 280; **2**. 449; **3**. 24.
164. 30 : 35 n, 233; **2**. 84.
164. 31 : 230; **2**. 65, 66 n, 87.
164. 32 : 233; **2**. 84, 85, 108.
164. 33 : 36, 237, 240; **2**. 67 n, 109, 110.
164. 34 : 138, 172, 228, 285, 288; **2**. 109.
164. 35 : 172, 228, 285, 297; **2**. 109, 233.
164. 36 : 99; **2**. 152, 415 n; **3**. 218 n.
164. 37 : 38, 150; **3**. 229.
164. 38 : 233; **2**. 87 n, 88 n, 102, 103, 108.
164. 39 : 125, 285, 297.
164. 40 : 315; **2**. 69 n.
164. 41 : 253, 280, 284[2], 298, 309.
164. 42 : 253, 284, 298; **2**. 125.
164. 43 : 266; **2**. 69 n, 87 n, 398, 411; **3**. 232.
164. 44 : 24, 27.
164. 45 : 290; **2**. 54, 75, 136, 489 n.
164. 46 : 53, 89, 144, 232; **2**. 160[2]; **3**. 137 n.
164. 47 : 97, 108, 146; **2**. 76 n, 87 n; **3**. 233, 268 n[2].
164. 48 : **2**. 260; **3**. 215.
164. 49 : 106, 328.

I. 164. 50 : 97, 106; **2.** 42 n, 76, 308; **3.** 75, 232.
164. 51 : **2.** 69, 70, 229; **3.** 26 n, 27.
164. 52 : 144; **2.** 47, 185.
165. : **2.** 390, 391, 392 n.
165. 1 : **2.** 261 n, 262 n, 369, 379, 383.
165. 2 : 125; **2.** 379.
165. 3-12 : **2.** 393.
165. 4 : 258; **2.** 382 n. 391, 392.
165. 5 : **2.** 401.
165. 6 : **2.** 203; **3.** 38, 76.
165. 7 : **3.** 305, 307.
165. 8 : 68; **2.** 199[2], 325[2], 357.
165. 11 : **2.** 391, 394.
165. 12 : **2.** 376.
165. 13 : **2.** 386; **3.** 252.
165. 14 : **2.** 386, 393, 394.
165. 15 : **2.** 393, 394.
166. 1 : **2.** 377, 390.
166. 2 : **2.** 370, 382.
166. 3 : **2.** 372.
166. 5 : **2.** 375.
166. 6 : **2.** 373, 392.
166. 7 : **2.** 384, 391.
166. 8 : 306.
166. 9 : **2.** 376.
166. 10 : **2.** 376.
166. 11 : 250; **2.** 262 n, 376, 384, 391.
166. 12 : **3.** 93, 258.
166. 13 : 68, 306; **2.** 325 n, 369, 385.
166. 22 : **3.** 156.
I. 167. 2 : **2.** 377; **3.** 81.
167. 3 : 67, 310; **2.** 261 n[2], 388, 389, 490, 509
167. 4 : **2.** 261 n, 389.
167. 5 : **2.** 261, 388, 389, 490; **3.** 86.
167. 6 : **2.** 57, 261, 479.
167. 7 : **2.** 387.
167. 9 : **2.** 371.
167. 10 : **2.** 412.
168. 2 : **2.** 371, 377, 387 n, 400.
168. 3 : 150; **2.** 373, 376, 383; **3.** 306.
168. 4 : **2.** 379, 384.
168. 5 : **2.** 373, 382.
168. 6 : **2.** 377, 382.
168. 7 : 127; **2.** 388; **3.** 86.
168. 8 : 251, 280; **2.** 234, 374, 383.
168. 9 : **2.** 397.
169. : **2.** 390.
169. 2 : **2.** 190, 379, 384, 392.
169. 3 : 155; **2.** 261 n, 372.
169. 4 : 127, 279 n, 291, 309; **2.** 391.
169. 5 : **3.** 154, 244.
169. 6 : **2.** 378.
169. 7 : **2.** 373, 379; **3.** 164.
169. 8 : **2.** 391, 394.
170. : **2.** 392 n.
170. 2 : **2.** 390, 393, 396[2], 402; **3.** 37, 38, 76, 205.
170. 3 : **2.** 393, 396.
170. 4 : 194 n; **2.** 394.
170. 5 : **2.** 393.

I. 171. : **2**. 390.
171. 1 : **2**. 378, 401; **3**. 205.
171. 2 : **2**. 236.
171. 3 : **3**. 205.
171. 4 : **2**. 365, 393; **3**. 205[2].
171. 5 : 46. 316 n; **2**. 394.
171. 6 : **3**. 205.
172. 1 : **2**. 207, 376, 401.
172. 2 : **2**. 401.
173. 1 : 278 n, 290, 310; **2**. 273; **3**. 198.
173. 2 : 278 n; **2**. 43, 277, 507; **3**. 8 n.
173. 3 : 143, 291, 299; **2**. 278 n, 507; **3**. 286.
173. 4 : **2**. 431.
173. 5 : **2**. 187, 201 n.
173. 6 : **2**. 163.
173. 7 : **2**. 169, 172.
173. 8 : 317; **2**. 248, 278 n.
173. 9 : 306 n, 308; **3**. 18 n.
173. 10 : 306 n, 308.
173. 12 : **2**. 172.
174. 1 : **3**. 74.
174. 2 : **2**. 140, 199, 211, 305[2], 352.
174. 3 : **2**. 211 n.
174. 4 : **2**. 184, 185.
174. 5 : **2**. 335, 337.
174. 6 : 60 n.
174. 7 : 279 n; **2**. 212.
174. 8 : **2**. 216, 363 n.
174. 9 : **2**. 184, 357.
175. 1 : **2**. 260.
175. 2 : **2**. 253, 260.
I. 175. 3 : 70; **2**. 214, 215, 325; **3**. 246.
175. 4 : **2**. 188, 215, 336, 337.
175. 5 : **2**. 253, 266; **3**. 305.
175. 6 : 293; **2**. 231.
176. 1 : **2**. 170; **3**. 9 n.
176. 2 : 199; **3**. 9 n.
176. 3 : **2**. 138, 156 n, 176.
176. 4 : **2**. 226.
176. 6 : **3**. 9 n.
177. : **2**. 394 n.
177. 2 : **2**. 280.
177. 5 : **2**. 394.
178. 1 : 60.
178. 3 : **2**. 173[?].
178. 5 : **2**. 172, 236.
179. 1-6 : **2**. 394.
179. 2 : **3**. 232, 265.
179. 5 : 153; **3**. 170, 173, 176.
179. 6 : 117.
180. 1 : **2**. 432, 433[2].
180. 2 : **2**. 454, 490.
180. 3 : 145; **2**. 61, 83 n[3], 206 n, 439, 444; **3**. 250.
180. 4 : **2**. 470.
180. 5 : **2**. 433, 483; **3**. 10, 15, 17.
180. 6 : **2**. 445 n, 479; **3**. 250.
180. 7 : **2**. 451 n; **3**. 208.
180. 8 : **2**. 436 n, 448; **3**. 33.
180. 9 : 65; **2**. 509.
181. 1 : **2**. 433, 509.

I. 181. 2 : **2**. 442.
181. 3 : **2**. 431, 442 n.
181. 4 : **2**. 73 n, 447 n, 494, 506[2].
181. 5 : **2**. 441, 494, 506 ; **3**. 7 n.
181. 6 : **2**. 433, 443 n, 494, 506[1].
181. 7 : 289.
181. 8 : 67 ; **2**. 433, 447.
181. 9 : **2**. 429, 432, 478 n.
182. 1 : **2**. 489, 494 n, 506 ; **3**. 250.
182. 2 : **2**. 434, 502.
182. 3 : **2**. 433.
182. 4 : **2**. 435.
182. 5 : **2**. 443 ; **3**. 10, 13.
182. 6 : **3**. 10, 13, 15.
182. 7 : **2**. 443 ; **3**. 10, 14, 17.
182. 8 : **2**. 394.
183. 1 : **2**. 442 n, 443, 501.
183. 2 : 298 ; **2**. 432.
183. 3 : **2**. 281 n ; **3**. 250.
183. 4 : **2**. 439 ; **3**. 6.
183. 5 : **2**. 302, 469, 475.
183. 6 : 248.
184. : **2**. 394 n.
184. 1 : **2**. 218 n, 361, 431, 449 n.
184. 2 : **2**. 435.
184. 3 : **2**. 429, 441, 486.
184. 4 : **2**. 394.
184. 5 : **2**. 394, 448.
185. 1 : 249[2] ; **3**. 314[1].
185. 2 : 237[1] ; **2**. 44.
185. 3 : **3**. 91 n, 293.
185. 4 : 237, 249.

I. 185. 5 : 238, 239 ; **2**. 471 n.
185. 6 : 237 ; **3**. 254.
185. 8 : **3**. 177.
185. 9 : 307 ; **2**. 218 n, 361.
185. 10 : 237 ; **3**. 265.
185. 11 : 237.
186. 1 : 324.
186. 2 : **2**. 236.
186. 3 : **2**. 219 n[1].
186. 4 : 248, 250.
186. 5 : 132 ; **2**. 18, 20, 205 ; **3**. 24.
186. 6 : **2**. 196.
186. 7 : **2**. 268, 278, 279.
186. 10 : 25 ; **2**. 405, 429 n.
187. 1 : **2**. 221, 329, 330 n.
187. 3 : **3**. 187.
187. 4 : 170, 171.
187. 5 : 222 n.
187. 6 : **2**. 252, 263.
187. 7 : 168, 183, 198.
187. 8 : 170.
187. 9 : 149, 170.
187. 10 : 152, 170, 191.
188. : 322[1].
188. 2 : **2**. 100 n ; 226 ; **3**. 222, 235.
188. 6 : 248.
188. 7 : 234.
188. 8 : 322.
188. 9 : **3**. 57.
188. 10 : 268.
189. 1 : **3**. 171.
189. 3 : **2**. 474 n.
189. 5 : **3**. 188.
189. 6 : **3**. 188, 229.
189. 7 : 58, 67, 118.

I. 189. 8 : 126 n ; **2**. 394, 394 n.
190. 1 : 299; **2**. 273.
190. 2 : 53; **2**. 406 n, 408; **3**. 234.
190. 3 : 299.
190. 4 : 299, 302.
190. 5 : **2**. 479 n.
190. 6 : **2**. 292.
I. 190. 7 : 117, 282, 301.
191. 1-7 : 123.
191. 4 : 8.
191. 5 : 8.
191. 6 : 237; **3**. 94.
191. 8 : 8; **2**. 218 n.
191. 9 : 7, 8; **3**. 99, 107 n.
191. 10-16 : 123.
191. 10 : 161 n.

MAṆḌALA II

II. 1. : 167, 304; **2**. 160; **3**. 137, 143.
1. 1 : 21; **2**. 17.
1. 2 : 39; **3**. 235.
1. 3 : 300; **2**. 417, 477.
1. 4 : **3**. 102, 137, 256.
1. 6 : 26; **2**. 375; **3**. 34[2], 36.
1. 10 : **2**. 405.
1. 11 : 323, 324; **3**. 95.
1. 12 : **2**. 405.
1. 13 : **2**. 90 n, 293[2]; **3**. 101.
1. 14 : 17; **2**. 6, 293; **3**. 199.
1. 15 : 143.
2. 1 : 143, 207; **2**. 242.
2. 2 : **2**. 15.
2. 3 : 112 n, 118, 144.
2. 4 : 112 n, 118, 144, 145[2]; **2**. 206 n, 399; **3**. 169.
2. 5 : 16, 66, 66 n.
2. 6 : 66 n.
2. 7 : **2**. 15.
2. 8 : 61, 66 n.
2. 9 : 310, 319.
2. 10 : 296; **2**. 137.
2. 12 : 117 n.
3. : 267, 322[2].
3. 1 : 12.
3. 2 : 305 n, 308; **2**. 82 n, 117, 119; **3**. 213 n, 227.
3. 3 : 109.
II. 3. 4 : **3**. 101.
3. 6 : 250[2].
3. 7 : 234; **2**. 150; **3**. 187.
3. 8 : 327.
3. 9 : **3**. 57.
3. 10 : 267, 273.
3. 11 : **2**. 8, 262 n; **3**. 212 n.
4. 2 : 55, 60, 143; **2**. 17.
4. 3 : 112.
4. 4 : 143.
4. 5 : 44, 58.
4. 6 : **2**. 234.
5. : 38.
5. 1 : 89 n, 143; **2**. 445 n.
5. 2 : 66; **2**. 141, 144.
5. 3 : 40.
5. 4 : vii n.
5. 4 : **3**. 229, 310.
5. 5 : 59, 321; **2**. 48, 107.
5. 6 : 321; **2**. 107.
6. 5 : 139; **2**. 185.
6. 7 : 118.
6. 8 : 66.
7. 1 : 45 n, 323.
7. 2 : **3**. 171.
7. 5 : 45 n, 313, 318, 323; **2**. 129 n.
8. 2 : **2**. 218 n.
8. 3 : **2**. 15; **3**. 221, 228.
8. 5 : **2**. 10, 468.
9. 1 : 50; **3**. 197.
9. 3 : 29; **2**. 52.

II. 9. 4 : 42 ; **2**. 10.
9. 5 : 30 n.
9. 6 : **3**. 181, 197.
10. 1 : 38, 65, 323 ; **2**. 452 n.
10. 2 : 143.
10. 3 : **2**. 52, 66.
10. 4 : 19.
10. 6 : 66, 284.
11. 1 : **2**. 242 ; **3**. 204.
11. 2 : **2**. 204, 210, 273, 276.
11. 3 : **2**. 391.
11. 4 : **2**. 161, 188, 190, 211, 237, 240, 279.
11. 5 : **2**. 206 ; **3**. 80.
11. 6 : **2**. 171, 172, 174, 258, 263 n.
11. 7 : **2**. 171, 357.
11. 8 : **2**. 165, 278.
11. 9 : **2**. 203[2], **3**. 80.
11. 10 : **2**. 172, 214 n, 220, 252 ; **3**. 80.
11. 11 : **2**. 245, 249, 263, 473.
11. 12 : **3**. 244.
11. 13 : **2**. 176, 237.
11. 14 : **2**. 375.
11. 15 : 279 n ; **2**. 245, 277.
11. 17 : 178 ; **2**. 248, 256 n.
11. 18 : **2**. 190, 199, 220, 223.
11. 19 : **2**. 213, 329 ; **3**. 48, 63 n.
11. 20 : **2**. 161[2], 222, 251, 311, 320, 327.
11. 21 : 127 ; **2**. 169.
12. 1 : **2**. 163, 234 ; **3**. 310.
12. 2 : **2**. 193, 357, 357 n.
II. 12. 3 : **2**. 5, 21, 134, 140, 195, 204, 320.
12. 4 : **2**. 175[2], 213[2] ; **3**. 301.
12. 5 : **2**. 167[2], 175.
12. 6 : **2**. 495.
12. 7 : **2**. 177, 184, 188, 191.
12. 8 : **2**. 174, 281 n.
12. 9 : **2**. 173.
12. 10 : **2**. 208.
12. 11 : **2**. 206, 220.
12. 12 : **2**. 134, 140, 221.
12. 14 : **2**. 243, 249, 267, 274, 275.
12. 15 : **2**. 243.
13. 1 : 155 ; **2**. 51, 165.
13. 4 : **2**. 112 n ; **3**. 59 n.
13. 5 : 282 ; **2**. 162, 194, 203.
13. 6 : 87 ; **2**. 325.
13. 7 : **2**. 184, 496 n ; **3**. 247.
13. 8 : **2**. 221.
13. 9 : **2**. 209, 350 ; **3**. 115 n.
13. 10 : **2**. 121, 122 n, 125.
13. 12 : **2**. 306 n, 358, 495[2], 496, 496 n.
13. 17 : **3**. 216.
14. 1 : **2**. 244.
14. 2-6 : **2**. 220.
14. 2 : **2**. 200, 208, 244.
14. 3 : 27 ; **2**. 166, 183, 220, 231 n, 246, 320.
14. 4 : **2**. 146 n, 222, 223.
14. 5 : **2**. 220, 221, 222, 334, 348, 349 ; **3**. 8 n.

II. 14. 6 : **2**. 242, 342.
14. 7 : 60 ; **2**. 337, 344.
14. 10 : **2**. 246.
14. 11 : **2**. 133, 176.
14. 12 : **2**. 246.
15. 1-9 : **2**. 251.
15. 1 : 178 ; **2**. 248, 252[2] ; **3**. 183 n. 203.
15. 2 : **2**. 120, 193, 357 n.
15. 3 : **2**. 187, 363.
15. 4 : **2**. 178, 179, 351.
15. 5 : **2**. 121, 357, 357 n.
15. 6 : 318 n ; **2**. 186, 192, 193.
15. 7 : **2**. 183, 495[2], 496[2].
15. 8 : **2**. 311, 320.
15. 9 : **2**. 210, 350.
15. 10 : **2**. 179.
15. 12 : 496 n.
16. 1 : **2**. 164, 165.
16. 2 : **2**. 246 ; **3**. 306.
16. 3 : **2**. 170 ; **3**. 303.
16. 4 : **2**. 169 ; **3**. 304.
16. 5 : 233 n ; **2**. 169.
16. 6 : **2**. 169, 171.
16. 7 : **2**. 232, 284 n.
16. 8 : **2**. 25 n, 231[2].
17. 1 : **2**. 174, 180, 252, 313.
17. 2 : **2**. 171.
17. 3 : **2**. 276.
17. 4 : **2**. 187.
17. 5 : **2**. 184, 193 ; **3**. 83.
17. 6 : **2**. 165, 172 ; **3**. 58, 61 n.
17. 7 : **2**. 231 n, 485, 497.
18. : **2**. 285, 410 n.
18. 1 : **2**. 150, 259, 260.
II. 18. 2 : 22, 65 ; **2**. 73, 444 n.
18. 3 : 126 ; **2**. 228, 279, 285.
18. 7 : **2**. 216, 228, 256, 258, 285, 410 n.
18. 8 : 127 ; **2**. 169, 172, 179 n.
19. 1 : 149 ; **2**. 246, 250.
19. 2 : **2**. 204, 252.
19. 3 : 277 n ; **2**. 184, 186, 188, 191[2], 203.
19. 4 : 68 ; **2**. 190, 199, 325.
19. 5 : **2**. 190, 332.
19. 6 : **2**. 146 n, 334, 335, 341, 342, 343.
19. 7 : **2**. 133.
20. 1 : 136 n ; **2**. 283 ; **3**. 315.
20. 3 : **2**. 243, 452 n.
20. 4 : 61[2] ; **2**. 236.
20. 5 : **2**. 191, 222, 312, **3**. 8 n.
20. 6 : 70, 70 n ; **2**. 212, 325.
20. 7 : 68 ; **2**. 199, 211[2], 214, 325.
20. 8 : **2**. 239, 254.
20. 9 : **2**. 186.
21. 1 : **2**. 184, 186, 188.
21. 2 : **2**. 169.
21. 4 : **2**. 191.
21. 5 : **2**. 322.
22. 1 : 178 ; **2**. 245, 249, 253, 263[2], 264, 418.
22. 2 : **2**. 263.
22. 3 : **2**. 164, 263 ; **3**. 310.
22. 4 : **2**. 184, 263 ; **3**. 71.

II. 23. 1 : 299, 303.
23. 2 : 299, 301 ; **2**. 3 ; **3**. 84.
23. 3 : 302 ; **2**. 260, 281 n, 291 ; **3**. 240.
23. 4 : 300 ; **2**. 226, 291.
23. 5 : **3**. 192.
23. 6 : **3**. 193, 217, 240.
23. 7 : **3**. 192.
23. 8 : **2**. 291.
23. 9 : 15 n.
23. 10 : 295, 302 ; **3**. 192.
23. 11 : 301 ; **2**. 291 ; **3**. 174, 182 n, 187, 192.
23. 14 : **2**. 218.
23. 15 : **3**. 240.
23. 16 : 297 ; **2**. 78 ; **3**. 192, 193.
23. 17 : 300 ; **3**. 48, 174, 192, 214, 220 n, 240.
23. 18 : 301, 302, 304, 314 ; **2**. 291, 313.
23. 19 : 309 ; **2**. 284 n.
24. 1 : 299 ; **2**. 291.
24. 2 : 302[2] ; **2**. 292, 342.
24. 3 : 302, 304 ; **2**. 292, 321.
24. 4 : 165, 257, 301, 302 ; **2**. 292.
24. 5 : 157, 301.
24. 6 : 97, 108, 146, 303 ; **2**. 292, 319 ; **3**. 167, 268 n.
24. 7 : 97, 104[2], 303 ; **3**. 79, 167, 233, 234, 268 n.
24. 8 : 302, 310 ; **3**. 240.
II. 24. 9 : 301, 302 ; **2**. 291.
24. 10 : 117 ; **2**. 303 n, 406.
24. 11 : 301, 304 ; **2**. 406 n.
24. 12 : 301, 302, 303 ; **2**. 291 ; **3**. 221, 247.
24. 13 : 300, 302 ; **3**. 174.
24. 14 : 301 ; **2**. 292 ; **3**. 183 n.
25. 1 : 300, 302.
25. 4 : 259 ; **2**. 291.
25. 5 : 259.
26. 1 : 305 ; **3**. 186.
26. 2 : **2**. 291.
26. 3 : 304 ; **2**. 166 n, 226.
27. 1 : 284 ; **3**. 94, 99, 108, 261.
27. 2 : **3**. 199.
27. 3 : **3**. 165, 176, 181, 185, 198, 199.
27. 4 : 195 n ; **3**. 87, 108, 164.
27. 7 : **3**. 101.
27. 8 : **2**. 121 ; **3**. 102 n, 108, 257, 261.
27. 9 : **2**. 118 ; **3**. 108, 165, 186, 198.
27. 10 : 117 ; **3**. 87
27. 11 : **3**. 100, 176.
27. 12 : **3**. 259.
27. 13 : 253 ; **3**. 198.
27. 14 : **3**. 118, 207.
27. 15 : 117 n, 238 ; **2**. 185.
27. 16 : **2**. 460[2] ; **3**. 81, 110, 159, 180 n, 185.
27. 17 : 127.
28. 2 : 46, 245 ; **2**. 13 ; **3**. 263.

II. 28. 3 : **3.** 101, 156, 162, 198.
28. 4 : 259, 311 ; **3.** 127, 259.
28. 5-7 : **3.** 162.
28. 5 : **3.** 8, 162 n, 264.
28. 6 : **2.** 261 n ; **3.** 175.
28. 7 : **3.** 87.
28. 8 : **3.** 198, 258.
28. 9 : **3.** 43, 164, 175.
28. 10 : **3.** 181, 188.
29. 1 : **2.** 85 ; **3.** 156, 159, 256.
29. 3 : **2.** 390.
29. 4 : **3.** 219, 263.
29. 5 : **3.** 159, 175, 177.
29. 6 : **3.** 175.
30. 1 : 314 ; **2.** 186, 203, 204 ; **3.** 253.
30. 2 : **2.** 94 n, 200, 201 n, 278 ; **3.** 97 n, 105, 115 n, 312.
30. 3 : **2.** 165, 200 n, 203, 223.
30. 4 : 303 ; **2.** 291 ; **3.** 68.
30. 5 : **2.** 172, 177 n, 183.
30. 6 : **2.** 265.
30. 7 : **2.** 178.
30. 8 : 327 ; **2.** 388.
30. 9 : 301 ; **2.** 291 ; **3.** 193.
30. 10 : 301 ; **2.** 174, 291.
30. 11 : **2.** 397.
31. 1 : **3.** 99.
31. 4 : 318, 319, 324 ; **2.** 429 n, 478[2], 478 n ; **3.** 47.
31. 5 : 248.
31. 6 : 57 n, 306 ; **2.** 18, 205[2], 326, 405 ; **3.** 23.
II. 31. 7 : 61.
32. 1 : **3.** 254.
32. 2 : 60 ; **2.** 338 n ; **3.** 181, 202, 203.
32. 3 : 319 ; **2.** 179, 279.
32. 4 : 319.
32. 7 : 319[2].
32. 8 : 319[2] ; **2.** 270, 345.
33. : **3.** 152.
33. 1 : 6, 260 ; **3.** 34.
33. 2 : **3.** 32.
33. 3 : **3.** 33.
33. 4 : 124 ; **3.** 32, 175, 185.
33. 5 : **3.** 36.
33. 6 : 6 ; **3.** 154.
33. 7 : **3.** 153, 207.
33. 8 : **3.** 36[2].
33. 9 : **3.** 35, 36.
33. 10 : **3.** 31.
33. 11 : **3.** 31, 33, 36, 125.
33. 12 : **3.** 32, 37.
33. 13 : 67, 68 ; **2.** 401 **3.** 37.
33. 14 : **3.** 35.
33. 15 : **3.** 36.
34. 1 : **2.** 381, 392, 401.
34. 2 : 9 ; **2.** 94[2], 185, 376, 377, 397, 398 ; **3.** 35.
34. 3 : **2.** 378.
34. 5 : 259 ; **2.** 373, 379, 387.
34. 6 : 305[2], 308, 309 ; **2.** 384.
34. 7 : 293 ; **2.** 386.
34. 8 : **2.** 376, 387.
34. 9 : **2.** 370 ; **3.** 188.

II. 34. 10 : **2.** 327, 370, 396, 397^{2}, 419 ; **3.** 198.
34. 11 : **2.** 383, 419, 441.
34. 12 : **2.** 145^{2}, 380, 384, 386.
34. 13 : **2.** 235, 370, 372, 376, 401 ; **3.** 252.
34. 14 : **2.** 138, 329, 384, 396.
34. 15 : **2.** 387.
35. : **2.** 18^{2}, 37.
35. 1 : 296 ; **2.** 18^{2}.
35. 2 : **2.** 18, 284 n ; **3.** 86 n.
35. 3 : 259 ; **2.** 19, 66.
35. 4 : **2.** 12, 19^{3}, 37.
35. 5 : **2.** 19, 52.
35. 6 : 28, 270 n ; **2.** 18, 37, 83 n ; **3.** 189, 240.
35. 7 : **2.** 19, 62.
35. 8 : **2.** 18 ; **3.** 240.
35. 9 : **2.** 19^{2}, 20, 66, 409.
35. 11 : 28 ; **2.** 8, 12, 18, 37, 53.
35. 12 : 29.
35. 13 : 29 ; **2.** 18, 19, 37, 72 n.
35. 14 : 29 ; **2.** 12, 19^{2}.
36. 1 : 39, 50 n.
36. 2 : **2.** 262 n, 384^{2}.
36. 3 : **3.** 47.
36. 4 : 23.
36. 5 : **2.** 245, 250.
36. 6 : 39, 107.
37. 1 : 39.
37. 2 : 39.
37. 3 : 39.
37. 4 : 39.
38. 1 : **3.** 47, 56, 57, 217.
38. 2 : **3.** 46, 56, 57, 222 n.
38. 3 : **2.** 203 n, 452 ; **3.** 55, 56, 222.
II. 38. 4 : 7, 321 ; **3.** 55, 56.
38. 5 : **2.** 112 ; **3.** 56, 63.
38. 6 : **3.** 56, 222.
38. 7 : **3.** 57.
38. 8 : **3.** 57, 129.
38. 9 : **3.** 56, 104, 221, 247, 253, 258.
38. 10 : **2.** 477, 478^{2}, 478 n ; **3.** 39.
39. : **2.** 494.
39. 1 : **2.** 443, 447 n, 509 ; **3.** 14 n, 298.
39. 2 : **2.** 506.
39. 3 : 316 n ; **2.** 431, 443.
39. 5 : **2.** 494.
39. 6 : **2.** 494^{2}, 508.
39. 7 : **2.** 278 n, 446, 494.
39. 8 : **2.** 273, 274 n.
40. 1 : 195 ; **2.** 424, 426 n.
40. 2 : **2.** 83 n^{3}, 430.
40. 3 : **2.** 430.
40. 4 : **2.** 425 n, 430.
41. 4 : **3.** 258.
41. 6 : **3.** 122.
41. 7 : **2.** 436 n ; **3.** 38 n.
41. 11 : **3.** 204.
41. 12 : **2.** 171.
41. 15 : **2.** 371, 383.
41. 16 : 326.
41. 18 : 312 ; **3.** 243.
41. 20 : 120.
41. 21 : 237 ; **3.** 199.
42. : 146.
42. 1 : 229.
42. 2 : 146, 229.
42. 3 : 229.
43. : 146.
43. 1 : 146, 290.
43. 2 : 146.

MAṆḌALA III

III. 1. 1 : 42, 224.
1. 2 : 109.
1. 3 : **2**. 4, 12, 426, 482 n.
1. 4 : 143, 160 n ; **2**. 20, 53, 131, 135, 160 n.
1. 5 : **2**. 17.
1. 6 : **2**. 10, 63 n, 135, 148 ; **3**. 197 n.
1. 7 : 19 ; **2**. 4.
1. 8 : **2**. 8.
1. 9 : **2**. 99.
1. 10 : **2**. 6, 52, 100 n.
1. 11 : **3**. 230.
1. 12 : 206 ; **2**. 15, 17.
1. 13 : 20, 172 ; **2**. 6, 17.
1. 14 : 14, 197, 206 ; **2**. 75.
1. 15 : 20.
1. 17 : 40, 43, 72, 118.
1. 18 : 42 ; **2**. 8.
1. 19 : 42 ; **2**. 317.
1. 20 : 19 n, 44.
1. 21 : 19 n.
1. 23 : 325 ; **2**. 424 n.
2. : **2**. 153.
2. 1 : 65, 144 ; **2**. 9 ; **3**. 215, 229.
2. 2 : **2**. 5, 153 ; **3**. 198.
2. 3 : 103 ; **2**. 155[2], 405 n ; **3**. 218 n.
2. 4 : 54, 57 ; **2**. 154.
2. 5 : 42 ; **3**. 36.
III. 2. 7 : 143 ; **2**. 4, 154, 155 ; **3**. 214.
2. 8 : 105, 144 ; **2**. 155 ; **3**. 231.
2. 9 : 22, 58. 104, 113, 140, 141[2] ; **2**. 12 155[2], 322, 505.
2. 10 : 72 n, 145 ; **2**. 52, 154.
2. 11 : **2**. 52.
2. 12 : 71 ; **2**. 154.
2. 13 : 55 ; **2**. 154 ; **3**. 229.
2. 14 : 14 ; **2**. 81, 154.
2. 15 : 65 ; **3**. 187.
3. : **2**. 153.
3. 1 : **3**. 221, 227.
3. 2 : 65, 72, 118 ; **2**. 100 n.
3. 3 : 126, 244.
3. 4 : **2**. 5 ; **3**. 84, 213 n, 227.
3. 5 : 112 ; **3**. 228.
3. 6 : 68, 69, 118 ; **2**. 155.
3. 7 : V n, 57.
3. 8 : 57, 309 ; **2**. 10, 284 n.
3. 9 : 140 ; **2**. 154 ; **3**. 222, 235.
3. 10 : 140 ; **2**. 4, 154[2] ; **3**. 213 n[1], 227.
3. 11 : **2**. 5, 153.
4. : 267, 322[2] ; **2**. 100 n.
4. 2 : 116 ; **2**. 100 n ; **3**. 132.

III. 4. 3 : 323.
4. 4 : 234.
4. 5 : **2**. 132 ; **3**. 222, 233.
4. 6 : 249, 250.
4. 7 : 147, 234[2] ; **2**. 149 ; **3**. 222, 234.
4. 8 : 323.
4. 9 : 224 ; **3**. 57.
4. 10 : 40, 267, 267 n, 268, 268 n ; **3**. 187.
4. 11 : **3**. 101.
5. : **3**. 137.
5. 1 : **2**. 14.
5. 2 : **2**. 10, 13 ; **3**. 231.
5. 3 : 12 ; **2**. 17 ; **3**. 231.
5. 4 : 38.
5. 5 : 29, 229 ; **2**. 77[2], 78, 79, 81, 82, 143 n, 145.
5. 6 : 229 ; **2**. 77, 79, 408.
5. 7 : **2**. 5, 8.
5. 8 : 155 ; **2**. 4, 8, 242.
5. 9 : 53, 72 ; **2**. 4 ; **3**. 137 n.
5. 10 : 56, 73 ; **2**. 75.
6. 1 : 147 ; **2**. 9.
6. 2 : 120, 140, 147 ; **2**. 4, 141.
6. 3 : 120.
6. 4 : **2**. 4, 6, 116, 417 n.
6. 5 : 72 ; **2**. 5 ; **3**. 228, 310.
6. 6 : 71 ; **3**. 223, 230.
6. 7 : 115 ; **2**. 14.
6. 8 : 147.
6. 9 : 71, 148 ; **2**. 146 n.
6. 10 : **3**. 199, 226, 229, 266.
III. 7. 1 : 29, 240 n, 292 ; **2**. 150 ; **3**. 300, 301,
7. 2 : **2**. 19, 62 ; **3**. 230.
7. 3 : 29 ; **2**. 19.
7. 4 : **2**. 5, 19.
7. 5 : 292, 325 ; **2**. 11.
7. 6 : 292 ; **2**. 242 ; **3**. 210 n, 212 n.
7. 7 : 102, 229, 230 ; **2**. 77, 77 n, 138, 139 n, 149 ; **3**. 222, 255, 268 n.
7. 8 : 147, 234[2].
7. 9 : 144 n, 240 ; **2**. 19.
7. 10 : 286 ; **3**. 170.
8. 1 : **2**. 75.
8. 3 : **2**. 287 n.
8. 5 : **2**. 9, 242.
8. 6 : **2**. 296 n.
8. 7 : **2**. 296 n.
8. 8 : 244 ; **2**. 119, 120 ; **3**. 99.
8. 9 : **3**. 123.
9. 1 : **2**. 18.
9. 2 : **2**. 20.
9. 4 : **3**. 199.
9. 5 : 54, 55 ; **2**. 75.
9. 6 : **3**. 305, 310.
9. 7 : **2**. 8 ; **3**. 176.
9. 9 : 105 ; **2**. 147 n.
10. 1 : 12.
10. 2 : **3**. 230.
10. 4 : 244 ; **2**. 132.
10. 5 : Vi n, 42 ; **2**. 10.
10. 6 : **2**. 10.
11. 2 : 57 ; **2**. 9 ; **3**. 215.
11. 4 : 103.
11. 5 : 144 ; **3**. 181, 197.

III. 11. 6 : **3**. 304.
12. : **2**. 295.
12. 1 : **2**. 30 n, 279 n.
12. 4 : **2**. 295 [2].
12. 6 : **2**. 146 n, 211 [2], 295.
12. 7 : 290 ; **3**. 223, 245.
13. 2 : **3**. 229.
13. 3 : 144.
13. 4 : 28 n.
13. 5 : **2**. 381.
13. 6 : **2**. 381.
14. 1 : 18 n ; **3**. 187.
14. 2 : 30, 71 ; **3**. 229.
14. 3 : 27, 248.
14. 4 : 13, 115, 136 n ; **2**. 382, 384 ; **3**. 132.
14. 6 : **3**. 180, 180 n, 187.
14. 7 : **2**. 284 n ; **3**. 93.
15. 1 : **2**. 217.
15. 2 : **2**. 11, 13.
15. 3 : 57 n, 58 n ; **2**. 15.
15. 4 : 44.
15. 5 : 144.
15. 6 : 30 n.
16. 1 : **2**. 294.
16. 2 : **2**. 381 ; **3**. 182.
16. 4 : 118, 307.
17. 1 : 109 ; **3**. 222, 235.
17. 2 : 66, 109, 118.
17. 3 : 23 ; **2**. 14, 16.
17. 4 : 195.
17. 5 : 109 ; **3**. 222, 227.
18. 1 : **3**. 188.
18. 2 : 306.
18. 3 : 278.
19. 2 : **2**. 9.
19. 5 : 105.
20. 1 : **2**. 432, 455.
III. 20. 2 : 23 ; **3**. 229.
20. 3 : 19 ; **3**. 82.
20. 4 : **2**. 294 [2] ; **3**. 230.
20. 5 : **2**. 432, 455 ; **3**. 99.
21. 2 : **3**. 227.
21. 5 : **2**. 79.
22. 1 : **2**. 293.
22. 2 : 21, 155.
22. 3 : 255 [2] ; **2**. 20.
22. 4 : **3**. 187.
23. 1 : 196 n ; **2**. 6, 64.
23. 2 : 323.
23. 3 : 45 n, 103, 202 ; **2**. 12.
23. 4 : 323, 326 ; **2**. 11.
24. 1 : **2**. 287 n.
24. 2 : 324 n.
24. 4 : 20, 118 ; **2**. 160.
25. 1 : **2**. 4.
25. 2 : 194 n.
25. 3 : **2**. 5.
25. 5 : 103 ; **2**. 18.
26. : **2**. 153.
26. 2 : 53, 66, 300 n ; **2**. 154.
26. 3 : 143.
26. 4 : **2**. 153 n, 160 n, 261 n, 262 n, 377, 378, 405 n ; **3**. 198.
26. 5 : 20 ; **2**. 153 n, 160 n, 185, 370, 373, 376, 377.
26. 6 : **2**. 153 n, 160 n, 377.
26. 7 : 166, 197, 279 n, 288 ; **2**. 83 n, 89 n, 471 n ; **3**. 212 n, 279 n, 334.

III. 26. 8 : 279 n; **2**. 10.
26. 9 : **2**. 5, 11; **3**. 187.
27. 3 : 89 n, 143.
27. 7 : **3**. 82.
27. 9 : 21 n; **2**. 10, 52; **3**. 94.
27. 10 : 57, 324 n.
27. 11 : **3**. 223, 235.
27. 12 : 16 n.
27. 14 : 143.
28. 1 : 40.
28. 4 : 177.
28. 5 : 177.
28. 6 : **2**. 242.
29. 1 : 34.
29. 2 : 34; **2**. 7.
29. 3 : 324; **2**. 11, 67, 92.
29. 4 : 323; **2**. 11.
29. 5 : **3**. 187.
29. 6 : **2**. 452 n.
29. 7 : 112; **3**. 214.
29. 9 : **2**. 210 n.
29. 11 : 27 n, 53, 305 n; **2**. 99, 100[2]; **3**. 85 n.
29. 13 : **2**. 7.
29. 14 : 28; **2**. 99[2], 100, 101, 132; **3**. 85.
29. 15 : 107; **2**. 384.
30. 2 : **2**. 118.
30. 4 : **2**. 197; **3**. 222, 247.
30. 5 : **2**. 163, 196.
30. 6 : **2**. 172.
30. 8 : **2**. 199, 202, 220, 221.
30. 9 : **2**. 184; **3**. 43.
30. 10 : **2**. 76 n, 290, 320[3].
30. 11 : **2**. 405 n.
III. 30. 12 : **2**. 188.
30. 13 : 86, 245; **2**. 191.
30. 14 : 245; **2**. 83 n, 195.
30. 15 : **3**. 80, 202.
30. 16 : **2**. 218; **3**. 202.
30. 17 : **2**. 217, 218.
30. 19 : **2**. 180.
30. 20 : **2**. 177.
30. 21 : **2**. 180.
30. 22 : **2**. 174, 197.
31. : **2**. 316.
31. 1 : 42; **2**. 106, 110, 111, 112; **3**. 241.
31. 2 : 203 n, 234; **2**. 48, 100 n, 110, 111, 112.
31. 3 : **2**. 48, 236; **3**. 35.
31. 4 : **2**. 191, 310.
31. 5 : **2**. 134, 310, 363; **3**. 233.
31. 6 : 285; **2**. 314, 316.
31. 7 : 278 n, 279 n; **2**. 311[2], 312.
31. 8 : 278 n, 279 n; **2**. 334.
31. 9 : **3**. 233.
31. 11 : 279 n; **2**. 278 n, 445 n.
31. 12 : 240.
31. 13 : **2**. 251.
31. 14 : **2**. 169[2], 196.
31. 15 : **2**. 188, 191, 195, 310.
31. 16 : 283; **2**. 184; **3**. 45 n.
31. 17 : 250.
31. 18 : **2**. 317; **3**. 296, 297.
31. 19 : **2**. 188, 313, 316; **3**. 202.

III. 31. 20 : **2**. 178.
31. 21 : **2**. 160, 183, 201, 213; **3**. 211 n, 248.
32. 1 : **2**. 248.
32. 2 : **2**. 245, 370, 391.
32. 3 : **2**. 276, 370, 390, 391.
32. 4 : **2**. 199, 343, 391.
32. 5 : 66 ; **2**. 184, 317, 391.
32. 6 : **2**. 186, 199, 200, 205 n, 216.
32. 8 : **2**. 188, 191, 194; **3**. 221, 249.
32. 9 : **2**. 164, 247 ; **3**. 61 n, 180 n, 203.
32. 10 : **2**. 164, 247; **3**. 61 n.
32. 11 : **2**. 163, 204.
32. 12 : **2**. 203, 204, 236, 238.
32. 13 : **2**. 273.
32. 14 : 150.
32. 16 : **2**. 180.
33. 1 : 258; **2**. 357 n.
33. 2 : **2**. 357 n.
33. 3 : 260.
33. 5 : **2**. 357 n; **3**. 225.
33. 6 : 256; **2**. 200, 201, 357 n; **3**. 217.
33. 7 : 256; **2**. 204, 357 n.
33. 10 : 260.
33. 13 : **3**. 199 n.
34. : **2**. 279.
34. 1 : 279 n; **2**. 211, 274², 275, 277.
34. 2 : 194 n²; **2**. 235, 275; **3**. 77.
III. 34. 3 : **2**. 191, 200², 221; **3**. 80, 82, 97 n.
34. 4 : 68 ; **2**. 187, 323, 325.
34. 5 : 285; **2**. 226.
34. 6 : **2**. 215; **3**. 82, 202.
34. 7 : 87; **2**. 234.
34. 8 : **2**. 188, 191, 194.
34. 9 : **2**. 183, 188, 191², 213².
34. 10 : **2**. 320.
35. 1 : **2**. 286.
35. 2 : **2**. 232, 254, 279.
35. 3 : **2**. 242.
35. 4 : **2**. 280.
35. 5 : **2**. 228.
35. 6 : **2**. 245.
35. 8 : **2**. 32, 58², 248.
35. 9 : **2**. 238, 293, 391, 392.
35. 10 : **2**. 293.
36. 1 : **2**. 250, 265.
36. 2 : **2**. 250, 412; **3**. 287.
36. 3 : **2**. 246, 250².
36. 4 : **2**. 250².
36. 5 : 127; **2**. 169.
36. 6 : **2**. 184, 250, 252.
36. 7 : **2**. 248.
36. 8 : **2**. 164, 195, 202 n, 245², 347; **3**. 61.
36. 10 : **2**. 189.
37. 1 : **2**. 196.
37. 3 : **2**. 161.
37. 4 : **2**. 161; **3**. 213 n², 244.
37. 5 : **2**. 197.
37. 7 : **2**. 171.
37. 9 : **2**. 162.

III. 37. 10 : **2**. 237.
38. 1 : 293; **2**. 284 n.
38. 2 : 293; **3**. 218, 232.
38. 4 : 195, 196; **3**. 65, 86 n, 212 n.
38. 5 : **2**. 99, 109, 397; **3**. 41.
38. 6 : 293; **2**. 397; **3**. 66, 219, 252.
38. 7 : **2**. 99, 109, 160[2], 397; **3**. 41, 65, 83, 86.
38. 8 : **2**. 85.
39. 1 : 309; **2**. 268[2], 272, 284.
39. 2 : 285, 287; **2**. 268, 272, 318.
39. 3 : **2**. 296 n, 297, 318, 507.
39. 4 : **2**. 310.
39. 5 : **2**. 76 n, 145[2], 188, 310.
39. 6 : 317 n; **2**. 75, 83 n, 169, 195; **3**. 285[2].
39. 7 : **2**. 187, 250.
40. 2 : **2**. 245.
40. 5 : 170; **2**. 248.
40. 7 : **2**. 250.
40. 9 : **2**. 228.
41. 3 : **2**. 286.
41. 5 : **2**. 278.
41. 8 : **2**. 228.
42. 5 : **2**. 245, 444 n.
42. 6 : **2**. 172.
42. 7 : 149.
43. 3-6 : **2**. 171 n.
43. 3 : **2**. 171.
43. 4 : **3**. 18 n.
III. 43. 5 : 150.
43. 6 : **2**. 171.
43. 7 : **2**. 247, 252.
44. : **2**. 160.
44. 2 : 277 n; **2**. 191.
44. 3 : **2**. 44; **3**. 286.
44. 4 : **2**. 164, 187.
44. 5 : **2**. 195, 254, 336.
45. 1 : **2**. 171[2], 228.
45. 2 : **2**. 162, 205, 285, 320; **3**. 21.
45. 3 : **3**. 309.
45. 4 : **2**. 183.
46. 1 : **2**. 169.
46. 2 : **2**. 169.
46. 3 : **2**. 163.
46. 4 : **2**. 164, 245, 246.
46. 5 : **2**. 21, 248.
47. 1 : **2**. 245, 246.
47. 2 : **2**. 171, 196, 390.
47. 3 : **2**. 199, 238 n, 391, 392.
47. 4 : **2**. 203, 238, 342, 390, 391.
48. : **3**. 59, 61.
48. 1 : **2**. 247; **3**. 61 n.
48. 2 : **2**. 247, 417; **3**. 104.
48. 3 : **2**. 247; **3**. 104.
48. 4 : **2**. 161, 195, 247; **3**. 58.
49. 1 : 241; **2**. 162[3], 207, 238, 410.
49. 2 : **2**. 171, 208.
49. 3 : **2**. 171, 460 n.
49. 4 : **2**. 188, 191.
50. 2 : **2**. 171 n, 254, 256, 258, 260, 279.
50. 3 : **2**. 177, 261, 262 n.

III. 51. : **3**. 298.
51. 1 : **2**. 273.
51. 2 : **3**. 213 n, 222. 247.
51. 3 : 87 ; **2**. 230 n.
51. 4 : **2**. 170 ; **3**. 82.
51. 5 : **2**. 133, 176.
51. 6 : **2**. 291.
51. 7 : **2**. 300.
51. 8 : **2**. 391.
51. 9 : **2**. 205, 391 [2].
51. 11 : **2**. 244 n.
51. 12 : **2**. 245, 262, 267.
52. : 261 ; **2**. 242.
52. 3 : **2**. 268.
52. 4 : **3**. 305.
52. 6 : 177 ; **2**. 248, 412.
52. 7 : 124 ; **2**. 196, 390, 429.
52. 13 : **2**. 293.
53. 1 : 324 ; **2**. 273.
53. 2 : **2**. 231.
53. 3 : 126.
53. 4 : **2**. 269 n, 293, 504 n.
53. 5 : **2**. 269 n, 504 n [2].
53. 6 : 128 ; **2**. 169, 269 n, 504 n.
53. 7 : **2**. 308 ; **3**. 85, 86 n.
53. 8 : **2**. 161 ; **3**. 82, 203, 248.
53. 9 : 37 ; **2**. 357 n, 362.
53. 10 : 146 ; **2**. 447 n.
53. 11 : **2**. 198, 362 [2].
53. 12 : 323 ; **2**. 290, 357 n.
53. 14 : **2**. 471.
53. 15 : **2**. 317 n, 491.
53. 16 : **2**. 317 n, 491.
53. 18 : **2**. 176.
53. 23 : **2**. 504 n [2].
III. 54. 1 : 29.
54. 2 : 60 n.
54. 3 : **2**. 230 ; **3**. 226.
54. 4 : 132, 240 ; **3**. 186, 226.
54. 5 : **2**. 76 ; **3**. 219, 255.
54. 6 : 231 ; **2**. 44, 62 n ; **3**. 226.
54. 7 : 239.
54. 8 : 237 ; **3**. 258.
54. 9 : 36 n, 37 n, 291.
54. 10 : **2**. 293.
54. 11 : **3**. 45.
54. 12 : **2**. 408, 413 n, 426 ; **3**. 46 n, 55 n [2], 252.
54. 13 : 11, 327 ; **2**. 373, 383, 388 ; **3**. 34, 252.
54. 14 : **2**. 383, 418, 441.
54. 15 : **2**. 179, 196.
54. 16 : 35 ; **3**. 181.
54. 17 : **2**. 412.
54. 18 : **3**. 198.
54. 19 : 19, 156 ; **2**. 52 ; **3**. 169.
54. 20 : 257, 324 ; **3**. 100, 101.
55. 1 : 284, 310 ; **2**. 77 ; **3**. 71, 71 n, 222, 254.
55. 2 : 95 ; **2**. 4 ; **3**. 177.
55. 3 : **3**. 265.
55. 4 : 19 ; **2**. 73, 75 [2], 86 n, 107.
55. 5 : **2**. 48, 64, 497.
55. 6 : **2**. 52, 86, 474 ; **3**. 257.

III. 55. 7 : **2**. 52, 68, 87, 107.
55. 8 : 299 ; **2**. 68 ; **3**. 286.
55. 9 : 115 ; **2**. 65, 456 n ; **3**. 286.
55. 10 : 196 ; **2**. 415 ; **3**. 211 n, 212 n, 216 n.
55. 11 : 248.
55. 12 : 321 ; **2**. 72, 74, 106 ; **3**. 243.
55. 13 : 321, 325 ; **2**. 11, 73, 73 n, 106 ; **3**. 243.
55. 14 : 179 n ; **3**. 243.
55. 15 : 30, 140 ; **2**. 65, 76.
55. 16 : 315 ; **2**. 63.
55. 17 : **2**. 70 ; **3**. 39.
55. 18 : **2**. 129.
55. 19 : **3**. 39, 40 [2].
55. 20 : 240.
55. 22 : **2**. 229.
56. 1 : 257 ; **3**. 80, 199, 221, 255.
56. 2 : 239 ; **2**. 44, 121 ; **3**. 240.
56. 3 : 231 ; **2**. 54, 109.
56. 5-8 : 120.
56. 5 : 231 ; **2**. 54 ; **3**. 243.
56. 6 : **3**. 39 [2], 46, 47.
56. 7 : **3**. 47, 86 n, 217.
56. 8 : **2**. 121 ; **3**. 85, 86 n, 198, 260.
57. 1 : 309 ; **2**. 88 n.
57. 3 : **2**. 45.
57. 4 : 68.
57. 5 : **2**. 293.
III. 58. 1 : 129, 299, 310 ; **2**. 11, 45, 432 ; **3**. 285. 286.
58. 2 : **2**. 445 n, 447 n ; **3**. 250, 298.
58. 3 : 281 ; **2**. 446, 447 n.
58. 4 : **2**. 431.
58. 5 : **2**. 283 n, 439.
58. 6 : **2**. 437 n, 485.
58. 8 : **2**. 442 n, 500 ; **3**. 250.
59. 1 : **3**. 165.
59. 2 : **2**. 226 ; **3**. 263.
59. 3 : 324 [2] ; **3**. 222 n, 263.
59. 5 : **2**. 293 ; **3**. 166.
59. 8 : **2**. 139.
59. 9 : 62, 117 ; **3**. 257.
60. 1 : **2**. 403, 409 ; **3**. 82.
60. 2 : **2**. 74, 80, 86, 284, 409.
60. 3 : 69 n ; **2**. 403, 409 [2], 412 [2], 418.
60. 4 : **2**. 403, 412.
60. 5 : **2**. 279, 403, 406, 412.
60. 6 : 69 ; **2**. 233, 412 ; **3**. 249.
60. 7 : 61 ; **2**. 406, 412.
61. 1 : 247 ; **2**. 478 ; **3**. 222, 225.
61. 2 : 247.
61. 3 : 195, 244, 247, 323.
61. 4 : 246, 247 ; **2**. 2.
61. 6 : 279 n, 297, 298 ; **2**. 14 ; **3**. 225.
61. 7 : **3**. 81, 230.
62. 1 : **2**. 201 n ; **3**. 97 n, 140.

III. 62. 3 : 129, 320[2] ; **3**. 286.
62. 6 : 301 ; **3**. 198.
62. 8 : **2**. 268 n.
62. 9 : **2**. 424 ; **3**. 172 n.
62. 11 : **2**. 477 ; **3**. 39.
62. 13 : 189 ; **3**. 238, 314.
III. 62. 14 : 152.
62. 15 : 152 ; **2**. 251.
62. 16 : **3**. 122.
62. 17 : **3**. 256.
62. 18 : **2**. 491 n ; **3**. 258, 262.

MANḌALA IV

IV. 1. 1 : 12, 112.
1. 2 : **3**. 133, 138.
1. 3 : 143; **2**. 232, 279 n ; **3**. 172.
1. 5 : 12.
1. 6 : 155, 166 ; **2**. 83 n.
1. 7 : 23; **2**. 135; **3**. 183 n.
1. 8 : 72, 144[2].
1. 9 : 65 n, 143; **2**. 60.
1. 10 : **2**. 5; **3**. 91.
1. 11 : **2**. 81, 99, 107, 202; **3**. 230.
1. 12 : **2**. 53, 99, 131 ; **3**. 230.
1. 13-20 : **2**. 15.
1. 13 : 133, 316 n; **2**. 309; **3**. 232.
1. 14 : 133, 240.
1. 15 : 133; **2**. 322, 322 n.
1. 16 : 133 ; **2**. 74, 135, 312 n.
1. 17 : 134 ; **3**. 168, 176, 185.
1. 18 : **3**. 289.
1. 19 : 155.
1. 20 : 118.
2. 1 : 66, 118 ; **3**. 230.
2. 2 : 72, 118, 143 ; **2**. 45 n.
IV. 2. 3 : 72[2], 118, 143 ; **3**. 223, 230.
2. 4 : 71; **2**. 418; **3**. 104 n.
2. 5 : 324; **2**. 460; **3**. 84.
2. 6 : 139 n.
2. 8 : 32, 143; **2**. 15.
2. 11 : **3**. 97, 98, 169, 176.
2. 12 : 60; **3**. 198.
2. 14 : **2**. 260 ; **3**. 232.
2. 15-19 : 136.
2. 15 : 58 n; **2**. 134; 404 n.
2. 16 : **2**. 311 n ; **3**. 232.
2. 17 : 139, 304 ; **2**. 238, 293, 298, 311 n ; **3**. 245.
2. 18 : 29, 59, 60 ; **2**. 10, 93.
2. 19 : **2**. 15; **3**. 225, 290.
3. : **3**. 206, 245.
3. 1 : 118; **3**. 36, 170, 187.
3. 2 : **2**. 54, 55.
3. 3 : **3**. 170.
3. 4 : **3**. 170, 235.
3. 5-8 : **3**. 170.
3. 6 : **2**. 495 n, 505[2], 506; **3**. 33.
3. 7 : 11 ; **2**. 417.
3. 8 : **3**. 92, 170, 217, 236, 252.

IV. 3. 9-12 : 138; **3**. 170, 236.
3. 9 : **2**. 83 n[1]; **3**. 236.
3. 10 : **2**. 397.
3. 11 : 134; **2**. 15, 316.
3. 12 : 197; **2**. 20.
3. 13 : **3**. 170, 194.
3. 14 : **2**. 217.
3. 15 : 47; **2**. 405 n.
3. 16 : 41.
4. 1 : 145; **2**. 217.
4. 2 : 145; **3**. 167, 169.
4. 3 : **3**. 167, 169, 181, 197.
4. 6 : 131; **2**. 218 n.
4. 11 : 293; **2**. 303.
4. 13 : **2**. 498; **3**. 181, 189.
4. 14 : 118, 307; **3**. 187.
4. 15 : **2**. 217[2]; **3**. 189.
5. : **2**. 153.
5. 1 : 245; **2**. 154.
5. 2 : **3**. 176.
5. 3 : 42, 142, 294; **2**. 10, 63, 77, 155.
5. 4 : **3**. 221, 263.
5. 5 : **3**. 266.
5. 6 : **2**. 123, 131.
5. 7-12 : **2**. 77, 80.
5. 7 : **2**. 10, 79[2], 80, 155, 398.
5. 8 : 229; **2**. 78, 80, 82, 155.
5. 9 : **3**. 230.
5. 10 : **2**. 4, 76, 77, 80, 155, 398.
5. 11 : 30 n; **2**. 133, 156 n; **3**. 265.
5. 13 : 7, 136 n, 195; **2**. 46.
IV. 5. 14 : **3**. 192.
6. 2 : 12, 13 n, 70, 71, 74 n, 140.
6. 3 : **2**. 9.
6. 4 : 32, 120.
6. 5 : 32, 43, 294; **3**. 229.
6. 7 : **2**. 5.
6. 8 : 49 n, 145; **2**. 7, 14.
6. 10 : 145; **2**. 374.
6. 11 : 58, 61, 65, 306.
7. 1 : 19 n, 54; **2**. 406[2].
7. 3 : **2**. 234; **3**. 229.
7. 4 : 54, 55, 62, 72, 87.
7. 5 : **2**. 134; **3**. 231.
7. 6 : **2**. 75[2], 79.
7. 7 : **2**. 79; **3**. 230, 254.
7. 8 : 72[2].
7. 9 : 11, 72 n; **2**. 49, 497.
7. 10 : 26; **2**. 7.
7. 11 : 11, 26; **2**. 7, 242.
8. 2 : 72.
8. 3 : **3**. 254.
8. 4 : 72.
9. 1 : **3**. 170.
9. 2 : **3**. 197.
9. 3 : 32, 39.
9. 4 : 39.
9. 6 : 72.
9. 7 : 47.
9. 8 : 144; **3**. 197.
10. 1 : **3**. 304, 318.
10. 2 : 144; **2**. 259 n; **3**. 230, 318.
10. 3 : 19.
10. 4 : 15.
10. 5 : **2**. 15.
10. 6 : **2**. 83 n.

IV. 10. 7 : **3**. 170, 173, 230.
10. 8 : 35 n.
11. 1 : **2**. 15.
11. 2 : 42, 294.
11. 3 : 42; **2**. 11.
11. 4 : **3**. 287.
11. 5 : 140.
12. 1 : 32; **2**. 9.
12. 2 : 32; **2**. 15, 395.
12. 4 : **3**. 160 n, 171, 176.
12. 6 : **2**. 86; **3**. 162 n.
13. 1 : **2**. 14, 432.
13. 2 : 155; **3**. 257.
13. 3 : **2**. 141; **3**. 167.
13. 4 : 248[3]; **2**. 79.
13. 5 : **3**. 215.
14. 1 : **2**. 14, 431, 432.
14. 2 : **3**. 50 n.
15. 1 : 32.
15. 2 : 32, 120.
15. 3 : 32.
15. 5 : 12.
15. 6 : 18, 143.
15. 7-9 : **2**. 449 n.
16. 1 : 184; **2**, 171; **3**. 203.
16. 2 : 184; **2**. 338, 339; **3**. 74.
16. 3 : 184; **2**. 134, 277, 310, 316.
16. 4 : 279 n; **2**. 310, 316.
16. 6 : **2**. 316, 322.
16. 7 : **2**. 200, 203[2], 238, 315 n.
16. 8 : **2**. 311, 314, 315 n, 316.
16. 9 : **2**. 215; **3**. 80.
IV. 16. 10 : **2**. 209, 215, 272, 336, 504 n; **3**. 243, 288.
16. 11 : **2**. 215, 258, 336, 504 n.
16. 12 : **2**. 210, 215, 334, 335[2], 336, 337.
16. 13 : **2**. 213, 304, 347, 348[2].
16. 18 : **2**. 303.
16. 20 : 52; **2**. 283, 321, 360.
16. 21 : **2**. 184.
17. 1 : **2**. 163, 204, 205, 334.
17. 2 : **2**. 160 n, 164, 184.
17. 3 : 5; **2**. 186, 200 n, 203[2], 252.
17. 4 : **2**. 166.
17. 5 : **3**. 203.
17. 7 : **2**. 164, 204, 206.
17. 8 : **2**. 169, 172, 197.
17. 9 : **2**. 171, 180 n.
17. 10 : **2**. 171, 178; **3**. 183 n.
17. 11 : 102 n; **2**. 178, 179.
17. 12 : 26, 27; **2**. 162, 166.
17. 13 : **2**. 165 n, 172.
17. 14 : **2**. 80, 331, 496.
17. 16 : **2**. 177, 177 n, 178, 232, 497 n.
17. 17 : **2**. 231; **3**. 204.
17. 19 : **2**. 197.
17. 20 : **3**. 183 n.
18. : **2**. 164, 417; **3**. 61, 62.

IV. 18. 1-4 : **2**. 165.
18. 1 : **2**. 86; **3**. 106.
18. 2 : **3**. 106.
18. 3 : 240; **2**. 86, 87; **3**. 59, 106.
18. 4 : **2**. 85, 87.
18. 5 : **2**. 164, 165; **3**. 105, 106, 106 n.
18. 6 : **3**. 105, 225.
18. 7 : **2**. 199; **3**. 61, 105.
18. 8 : **2**. 165 [2]; **3**. 105, 107, 329.
18. 9 : **2**. 173 n, 212, 221; **3**. 61.
18. 10 : **3**. 105.
18. 11 : **3**. 60, 61, 76, 105.
18. 12 : **2**. 165, 247, 474; **3**. 60, 61.
18. 13 : 174; **2**. 165, 247, 270; **3**. 60.
19. 1 : **2**. 199, 235, 393 n; **3**. 77 [2].
19. 2 : **2**. 183; **3**. 77, 203.
19. 3 : **2**. 123, 140, 204, 206.
19. 4 : 26; **2**. 186.
19. 5 : 258; **2**. 186 [2], 201.
19. 6 : 315; **2**. 358.
19. 7 : **2**. 184, 497; **3**. 248.
19. 8 : **2**. 199, 201, 363.
19. 9 : 158; **2**. 59, 207, 496 [2], 502 n.
20. 1 : **2**. 171.
20. 3 : **2**. 175, 228; **3**. 309.
20. 5 : **2**. 231 n, 232, 257, 271.
IV. 20. 8 : **2**. 180.
21. 1 : **2**. 273.
21. 2 : 136 n.
21. 3 : 207 n; **2**. 233; **3**. 245.
21. 6 : 58; **2**. 317, 348, 479.
21. 7 : 58; **2**. 348, 479.
21. 8 : 228; **2**. 186, 479.
21. 10 : **2**. 198, 204, 351.
22. 1 : **2**. 172.
22. 2 : **2**. 165, 172, 223, 365.
22. 3 : **2**. 164.
22. 4 : 27; **2**. 160 n, 391.
22. 5 : **2**. 204.
22. 6 : **2**. 99, 183.
22. 7 : 260; **2**. 276.
22. 9 : **2**. 197.
22. 10 : **2**. 177, 478.
23. : **3**. 245.
23. 1-5 : **2**. 229.
23. 1 : **2**. 229, 236, 237, 250.
23. 2 : **2**. 236.
23. 4 : **3**. 244.
23. 5 : **2**. 284.
23. 6 : **2**. 160.
23. 7 : **2**. 218; **3**. 181, 202.
23. 8 : 60; **3**. 224.
23. 9 : **3**. 220 n.
23. 10 : 239; **3**. 217.
24. 1 : **2**. 229.
24. 2 : **2**. 196, 205 n.
24. 3 : **2**. 177 n [2].
24. 4 : **2**. 176, 186.
24. 5 : **2**. 176, 226, 243.

IV. 24. 6 : **2**. 173, 205 n.
24. 7 : **2**. 176, 226, 242, 243.
24. 8 : **2**. 269, 272.
24. 9 : 310; **2**. 243 n.
24. 10 : **2**. 197, 233.
25. 1 : **2**. 228.
25. 2 : **2**. 228, 457 n.
25. 3 : **2**. 228; **3**. 95, 109.
25. 4 : 6, 45 n, 323 ; **2**. 170, 189.
25. 5 : **3**. 161 n.
25. 6 : **2**. 243.
25. 7 : **2**. 227, 243, 319.
25. 8 : **2**. 172.
26. : 46 n, 174 ; **2**. 240, 241.
26. 1 : 47[2], 70 ; **2**. 336, 338[3], 340, 341, 480.
26. 2 : **2**. 185 n, 215.
26. 3 : **2**. 146 n, 342, 343.
26. 4 : 67 n, 174 ; **2**. 247, 386.
26. 6 : 174, 199.
26. 7 : **2**. 478; **3**. 328.
27. : 46 n, 174; **3**. 323.
27. 1 : 174; **2**. 341; **3**. 334.
27. 2 : 174; **2**. 478, 502 n.
27. 3 : 174[2] ; **2**. 478; **3**. 30.
27. 4 : 174[2]; **2**. 182 n, 247; **3**. 12, 12 n, 16 n.
27. 5 : 174; **2**. 247.
28. 1 : 68; **2**. 134, 140, 204, 263.
IV. 28. 2 : **2**. 263, 337; **3**. 202.
28. 3 : **2**. 208, 294.
28. 4 : **2**. 208, 210, 265.
28. 5 : **2**. 76 n, 265, 363.
29. 1 : **2**. 228, 405 n.
29. 4 : 149; **2**. 261.
30. 1 : **2**. 163.
30. 2 : **2**. 163, 333.
30. 3 : **2**. 192, 333.
30. 4 : **2**. 192, 333, 337; **3**. 77.
30. 5 : **2**. 192, 333; **3**. 77.
30. 6 : **2**. 192, 332 ; **3**. 77.
30. 7 : **2**. 220 n.
30. 8 : **2**. 192 ; **3**. 293.
30. 9 : **2**. 192; **3**. 106.
30. 10 : **2**. 192.
30. 11 : 256; **2**. 192.
30. 12 : **2**. 357 n; **3**. 83.
30. 13 : **2**. 334.
30. 14 : **2**. 210, 342[2].
30. 15 : **2**. 210, 342.
30. 16 : **2**. 59, 306 n, 496.
30. 17 : **2**. 356, 357, 358.
30. 18 : **2**. 209.
30. 19 : **2**. 495.
30. 20 : **2**. 342, 343[2].
30. 21 : **2**. 209, 350 ; **3**. 82.
31. : **2**. 161 n.
31. 2 : **3**. 183 n.
31. 4 : **2**. 232, 279, 286.
31. 5 : **2**. 187; **3**. 308.
31. 7 : **2**. 168.
31. 9 : **2**. 168.
31. 13 : **2**. 180.
31. 14 : **2**. 178.

IV. 31. 15 : **2**. 189.
32. 1 : **2**. 174.
32. 3 : **2**. 173, 174.
32. 6 : **2**. 177.
32. 7 : **2**. 177.
32. 8 : **2**. 168.
32. 9 : **2**. 302.
32. 10 : **2**. 252.
32. 12 : **2**. 177, 236, 287, 302.
32. 16 : **2**. 268.
32. 18 : **2**. 177.
32. 20 : **2**. 168.
32. 21 : **2**. 168.
33. 1 : 26, 290, 315 ; **2**. 411.
33. 2 : **2**. 411, 418.
33. 3 : **2**. 403, 411, 412.
33. 4 : **2**. 71 n, 409, 411.
33. 5 : **2**. 403 ; **3**. 54, 55.
33. 6 : **3**. 55, 186.
33. 7 : **3**. 52.
33. 8 : 315 ; **2**. 410, 411[2].
33. 9 : **2**. 404, 410, 412 ; **3**. 140 n.
33. 10 : **2**. 285, 410.
33. 11 : 177 ; **2**. 409 ; **3**. 219, 254.
34. 1 : 170 ; **2**. 403, 412.
34. 2 : **2**. 477.
34. 3 : 66 ; **2**. 404.
34. 4 : 177 ; **2**. 404, 409.
34. 5 : 165 ; **2**. 404.
34. 6 : **2**. 412.
34. 8 : 257 ; **3**. 100.
34. 9 : **2**. 404, 410[2], 410 n, 411[2].
IV. 34. 11 : **2**. 412.
35. 1 : **2**. 403.
35. 2 : **3**. 54.
35. 3 : **2**. 409 ; **3**. 54.
35. 4 : **3**. 54.
35. 5 : **2**. 406, 410, 411 ; **3**. 54.
35. 7 : **2**. 412.
35. 8 : **2**. 403, 409.
35. 9 : 177.
36. 1 : **2**. 411.
36. 2 : **2**. 284 n, 404, 410.
36. 3 : **2**. 404, 411.
36. 4 : **2**. 86, 404, 409, 411 ; **3**. 54.
36. 5 : **2**. 406, 407 n.
36. 6 : **2**. 404.
36. 7 : **2**. 268 n.
36. 8 : 241 ; **3**. 54.
37. 1 : 68 ; **2**. 404.
37. 2 : 262.
37. 3 : 66, 177, 210, 319 ; **2**. 404.
37. 4 : **2**. 406, 412 n.
37. 5 : **2**. 407[2], 460.
37. 6 : 296 ; **2**. 412.
37. 8 : **2**. 404, 412, 431.
38. : **2**. 455.
38. 1 : **2**. 305, 353, 455 n ; **3**. 117 n.
38. 2 : **2**. 219 n, 452 n, 454 n, 455 n, 456, 457.
38. 3 : 27 ; **2**. 353, 456.
38. 4-8 : **2**. 456.
38. 4 : 60, 207, 228 ; **2**. 455.
38. 5 : **2**. 456 ; **3**. 8 n.
38. 6 : **2**. 455 n.

IV. 38. 7 : **2**. 454 n; **3**. 251.
38. 9 : **2**. 454 n.
38. 10 : **2**. 3, 137, 454^{2} n, 456^{2}, 498 n.
39. : **2**. 455.
39. 1 : **2**. 454 n, 455, 455 n.
39. 2 : **2**. 353, 454 n, 455^{2}, 456 ; **3**. 117 n.
39. 3 : **2**. 13, 454 n, 455 n^{2}, **3**. 156, 160.
39. 4 : **2**. 455 n, 456.
39. 5 : **2**. 454 n, 455, 456 n.
39. 6 : **2**. 454 n^{2}, 455 n, 457 n.
40. : **2**. 455.
40. 1 : 301 ; **2**. 291, 313, 455.
40. 2 : **2**. 456, 457 ; **3**. 182 n.
40. 3 : **2**. 455, 457.
40. 4 : **2**. 455.
40. 5 : 230; **2**. 457, 464; **3**. 240.
41. 1 : 234, 308 n.
41. 2 : **2**. 198 n.
41. 4 : **2**. 350 ; **3**. 140, 202.
41. 5 : 297 ; **2**. 268 n.
41. 6 : **2**. 116.
41. 8 : **2**. 49, 274, 278.
42. : **3**. 142, 144.
42. 1 : **2**. 86, 127, 139, 481 ; **3**. 144, 308.
42. 2 : **3**. 71, 88.
42. 3 : **2**. 118 ; **3**. 58, 144.
42. 4 : **2**. 119 n ; **3**. 101, 248, 260.

IV. 42. 5 : **2**. 172.
42. 6 : **2**. 118, 275 ; **3**. 147.
42. 7 : **2**. 207 ; **3**. 144.
42. 8 : **2**. 134, 305.
42. 9 : **2**. 305.
42. 10 : **2**. 71, 179 n, 230.
43. 1 : 278 ; **2**. 446.
43. 2 : **2**. 487, 487 n ; **3**. 208.
43. 3 : **2**. 443, 494 n, 506.
43. 4 : **2**. 434.
43. 5 : **2**. 433.
43. 6 : 258, 320 ; **2**. 433, 486, 487 n.
43. 7 : **2**. 490 n.
44. 1 : **2**. 287 n, 487, 490 n.
44. 2 : **2**. 441, 494 n, 506.
44. 3 : **3**. 250.
44. 5 : **2**. 228 n, 501.
45. 1 : **2**. 128 n, 434 n, 459 n, 460, 460 n, 502, 505, 506 n.
45. 2 : **2**. 431.
45. 3 : **2**. 434, 502.
45. 4 : 146 ; **2**. 433, 442.
45. 5 : 316 n ; **2**. 13, 459 n ; **3**. 298.
45. 6 : 8; **2**. 439.
46. 1 : 171 ; **3**. 295.
47. 2 : 154.
47. 4 : **2**. 286 n.
48. 1 : vi n, 27 ; **2**. 218 n.
48. 3 : 250 ; **3**. 318.
48. 4 : **2**. 280 n.
48. 8 : **3**. 318.
49. : 303 ; **2**. 291.

IV. 49. 14 : **3**. 24.
50. 1 : 301², 303.
50. 2 : **3**. 197 n.
50. 3 : 301, 303; **2**. 396; **3**. 233.
50. 4 : 301² ; **2**. 147, 148.
50. 5 : 263, 302, 316 ; **2**. 292, 320, 321.
50. 6 : 304.
50. 8 : 304 n, 324.
50. 9 : 304 n.
50. 10 : 303; **2**. 291.
50. 11 : 303; **2**. 218 n, 236, 291, 477.
51. 1 : 242.
51. 2 : 244, 245 ; **3**. 123.
51. 4 : 48, 135, 247 ; **2**. 145, 147, 148², 149, 307, 309, 331 n.
51. 5 : **3**. 225.
51. 6 : 247 ; **2**. 412 ; **3**. 214, 315.
51. 7 : 243 ; **3**. 199 n, 225, 266.
51. 8 : 245; **3**. 225, 299.
51. 9 : 242; **2**. 213.
51. 11 : 245.
52. 1 : 246, 248.
52. 2 : 245² ; **2**. 432 ; **3**. 225.
52. 3 : **2**. 432.
52. 4 : 297.
52. 5 : 245.
52. 6 : 242.
53. 1 : **3**. 86.
53. 2 : **3**. 40, 51.
53. 3 : **2**. 118 ; **3**. 51, 56, 217², 253.
IV. 53. 4 : **3**. 46, 50, 52 n, 57, 181, 198, 223, 253.
53. 5 : **2**. 120² ; **3**. 57, 253.
53. 6 : 117 n ; **3**. 55.
53. 7 : **2**. 237.
54. 2 : 117 ; **3**. 56, 57².
54. 3 : **3**. 176, 177.
54. 4 : **3**. 46, 57.
54. 5 : **3**. 56, 57, 217.
54. 6 : **3**. 47, 101.
55. 1 : **3**. 90.
55. 2 : **3**. 214, 233, 255.
55. 3 : 249² ; **3**. 90, 181, 197.
55. 4 : **2**. 418.
55. 5 : **3**. 110.
55. 6 : **2**. 205, 472 ; **3**. 24.
55. 10 : **3**. 39.
56. 1 : 238, 279 n, 285, 298 ; **2**. 44.
56. 2 : 119, 237, 279 n, 285; **3**. 199, 226.
56. 3 : **2**. 44, 118.
56. 6 : 119 ; **3**. 226.
56. 7 : 119 ; **3**. 260.
57. 2 : **2**. 231 n ; **3**. 255.
57. 4 : **2**. 421.
57. 5-8 : 123.
57. 7 : **2**. 420.
57. 8 : 259 ; **3**. 27.
58. 1 : 105, 262, 264; **2**. 95.
58. 2 : 228, 264 ; **2**. 95, 99, 151.
58. 3 : 231², 264 ; **2**. 81, 151 ; **3**. 23.

IV. 58. 4 : 24 n, 264, 315 ; **2**. 38, 99, 319.
58. 5 : 264 n, 265 n, 283 ; **2**. 38, 95.
IV. 58. 6 : 264 n, 283; **2**. 38.
58. 7 : **2**. 38.
58. 8 : 159 n; **2**. 8, 9, 38.
58. 9 : **2**. 9.
58. 10 : 262.
58. 11 : 264, 283 ; **2**. 95 ; **3**. 212 n.
58. 13 : **2**. 95.

MAṆḌALA V

V. 1. 1 : 71 ; **2**. 14.
1. 3 : 129 ; **2**. 8, 66 ; **3**. 285.
1. 4 : 13, 249 ; **2**. 15.
1. 5 : 19 n ; **2**. 6, 133, 444 n.
1. 6 : **2**. 55 ; **3**. 229.
1. 7 : 16 n, 143 ; **2**. 5 ; **3**. 231.
1. 8 : 43, 142, 143.
1. 11 : 71.
2. 1 : 30 ; **2**. 85, 87, 89, 99, 165, 399, 423 ; **3**. 106.
2. 2 : **2**. 99, 423 ; **3**. 18 n.
2. 3 : 197 n ; **3**. 18 n.
2. 4 : 16 n ; **2**. 63, 110, 400 n, 423.
2. 5 : **2**. 66.
2. 6 : **2**. 88, 468 ; **3**. 79.
2. 7 : 275.
2. 8 : **2**. 84 ; **3**. 171, 235.
2. 9 : 142 ; **2**. 217[2] ; **3**. 80.
2. 10 : **2**. 217[2].
2. 11 : **2**. 283 n.
2. 12 : 69, 142.
2. 17 : **2**. 90.
3. 1 : **2**. 160 ; **3**. 102.
3. 2 : **2**. 8, 61, 74 ; **3**. 102, 131 n.
3. 3 : 22 ; **2**. 74, 85, 381, 416 ; **3**. 36, 102.

V. 3. 4 : 58, 61, 65, 105, 196 n, 306.
3. 5 : 44.
3. 7 : **3**. 189.
3. 8 : 107, 118 ; **2**. 13.
3. 9 : **2**. 103[2] ; **3**. 64, 172, 235.
3. 11 : **3**. 189.
3. 12 : **3**. 189.
4. 2 : **2**. 406, 406 n.
4. 3 : 43 ; **2**. 117.
4. 4 : 71, 73, 325 ; **2**. 11.
4. 6 : **2**. 210 n, 294.
4. 8 : 23.
4. 9 : **2**. 469.
4. 11 : **2**. 460.
5. : 305 n, 322.
5. 2 : **3**. 198.
5. 6 : 250 ; **3**. 225.
5. 7 : 27, 66.
5. 8 : 322.
5. 10 : 268.
6. 1 : 12.
6. 2 : 127.
6. 4 : 104, 141.
6. 7 : 144, 145[2] ; **2**. 59.
6. 8 : 19 n.
6. 9 : 42 ; **2**. 9.
7. 3 : **3**. 230.
7. 4 : 12 ; **2**. 15.
7. 5 : 139 n.
7. 6 : 61.

V. 7. 7 : 11 ; **2.** 408.
7. 8 : **2.** 86, 469.
7. 9 : 42.
7. 10 : **2.** 219, 469.
8. 1 : 43, 107[2] ; **3.** 232.
8. 3 : **2.** 75.
8. 4 : 47.
8. 6 : 112.
8. 7 : 107 ; **2.** 242[2].
9. 3 : **2.** 7.
9. 4 : 145 ; **2.** 88 n, 206 n.
9. 5 : **2.** 328.
9. 7 : **2.** 236.
10. 2 : 101 n ; **3.** 84.
10. 3 : **2.** 237.
10. 5 : 14 ; **2.** 505.
10. 7 : 47 ; **2.** 406 n, 407.
11. 1 : **3.** 288 n.
11. 2 : 71, 244.
11. 3 : 71, 87 ; **2.** 4, 8, 242.
11. 4 : 19 n.
11. 5 : **2.** 10.
11. 6 : 48 ; **2.** 7, 75.
12. : **3.** 191, 231.
12. 1 : 284 ; **2.** 9 n ; **3.** 84, 224.
12. 2 : 139 ; **2.** 60, 217[2] ; **3.** 222.
12. 3 : 41 n.
12. 4 : **3.** 266.
12. 5 : **3.** 17, 79.
12. 6 : **2.** 324 n.
12. 17 : **3.** 224.
13. 6 : 140.
14. 4 : **2.** 20, 211 n, 294.
14. 6 : **2.** 8, 242.
15. 1 : **3.** 84.
V. 15. 2 : 102, 136 n ; **3.** 218, 220 n, 233, 267 n.
15. 4 : 19 n.
15. 5 : **2.** 85, 469.
16. 1 : **3.** 135.
16. 2 : **3.** 135.
16. 4 : **2.** 4.
17. 1 : **2.** 353.
17. 2 : **3.** 218 n.
18. 2 : 207 n ; **2.** 287 n, 327.
19. 1 : **2.** 86[2], 87.
19. 3 : 98 n.
19. 4 : **2.** 83 n, 471 ; **3.** 199.
19. 5 : 26.
20. 2 : **3.** 189, 235.
20. 4 : **3.** 217, 235.
21. 1 : 47, 66.
21. 2 : **2.** 9.
21. 3 : 105, 115, 119.
21. 4 : 119 ; **2.** 79, 89 ; **3.** 230.
22. 1 : **2.** 469.
22. 4 : **2.** 10[2], 469.
25. 1 : **2.** 10 n ; **3.** 230.
25. 2 : 12 ; **3.** 187, 187 n.
25. 4 : 118.
25. 7 : 277 n ; **2.** 287.
25. 8 : 15.
26. 1 : **2.** 293.
26. 5 : 71.
26. 6 : **3.** 222, 227.
27. 1 : **2.** 153 ; **3.** 84.
27. 2 : **2.** 153.
27. : **2.** 305.
27. 4 : **3.** 235.
27. 5 : 179, 272.

V. 28. 1 : **2**. 9, 14.
28. 2 : 195.
29. 1 : 66 ; **2**. 119, 277, 391 [3].
29. 2 : **2**. 204 [2], 391 [2].
29. 3 : 68 ; **2**. 183, 204, 252 [2], 325 [3], 384, 391 [2].
29. 4 : **2**. 194, 220 [2], 222.
29. 5 : **2**. 331 ; **3**. 78.
29. 6 : **2**. 146 n, 391 [2].
29. 7 : 68, 177 ; **2**. 243 [2], 248, 249, 252, 253, 293, 295, 325 [2], 336.
29. 8 : 177 ; **2**. 243, 252, 253, 267, 276, 325, 336.
29. 9 : **2**. 238, 335, 336, 337, 338, 338 n, 339.
29. 10 : **2**. 208, 337 [2].
29. 11 : **2**. 243, 273, 301, 347, 348 [2].
29. 12 : **2**. 145, 174, 310 [2].
29. 13 : **2**. 174 [2].
29. 14 : **2**. 164, 170.
29. 15 : **2**. 268, 283.
30. : **2**. 303.
30. 1 : **2**. 167, 246.
30. 2 : **2**. 167, 229, 345.
30. 4 : 317 n ; **2**. 164, 180.
30. 5 : 317 n ; **2**. 164 [2], 186, 211 ; **3**. 76.
30. 6 : **2**. 206, 391 ; **3**. 82.
30. 7 : 70 ; **2**. 210, 277, 325, 346.
V. 30. 8 : **2**. 210, 240, 346, 391.
30. 9 : 239 ; **2**. 208, 210, 212 [2].
30. 10 : 102 n ; **2**. 252.
30. 11 : **2**. 252, 450.
30. 12 : **3**. 164.
30. 13 : 249.
30. 14 : 249 ; **2**. 450 n ; **3**. 164.
30. 15 : **2**. 471.
31. 2 : **2**. 177 n, 497 n.
31. 3 : **2**. 183, 187.
31. 4 : **2**. 204, 273, 276, 283 ; **3**. 45, 49.
31. 5 : 281 ; **2**. 208 ; **3**. 95.
31. 6 : 68 ; **2**. 174, 185, 194, 325.
31. 7 : **2**. 204, 210, 335 [2] ; **3**. 80.
31. 8 : **2**. 335, 338, 339, 357.
31. 9 : **2**. 284, 335.
31. 10 : **2**. 274, 276, 391.
31. 11 : **2**. 331, 332 ; **3**. 309.
31. 12 : 281 ; **2**. 246.
32. 1 : **2**. 220, 357.
32. 2 : 259 ; **2**. 204, 206.
32. 3 : **2**. 164, 219, 220.
32. 4 : **2**. 18, 47 n, 203 n, 220, 334.
32. 5 : **2**. 190, 219, 252, 253, 343.
32. 6 : **2**. 219, 252.
32. 7 : **2**. 220, 252, 253 ; **3**. 203.
32. 8 : **2**. 220.
32. 9 : **2**. 170.
32. 10 : **2**. 400.

32. 11 : **2**. 137, 164, 232, 235.
32. 12 : **2**. 168, 232 ; **3**. 166 n.
33. : **2**. 302.
33. 1 : **2**. 173.
33. 2 : **2**. 279.
33. 3 : **2**. 279.
33. 4 : **2**. 183, 188, 211, 276.
33. 5 : **2**. 205 n.
33. 6 : **2**. 219 n[2].
33. 8 : **2**. 219 n, 305[2].
33. 9 : **2**. 378 n, 387 n.
33. 10 : **2**. 301.
34. 1 : **2**. 243, 286.
34. 2 : **2**. 338, 338 n, 340.
34. 3 : **3**. 298 n[2].
34. 5 : **2**. 178; **3**. 204.
34. 6 : **2**. 198 n, 213, 226, 236, 236 n; **3**. 204.
34. 7 : **2**. 319; **3**. 204.
34. 8 : **2**. 178.
34. 9 : **2**. 219 n.
35. 2 : **2**. 150, 176.
35. 3 : **2**. 164.
35. 5 : **2**. 174.
35. 6 : **2**. 196.
35. 7 : **2**. 173.
35. 8 : 75 n; **2**. 189, 478.
36. 1 : **2**. 246.
36. 2 : **2**. 245.
36. 4 : 281; **2**. 168.
36. 5 : 4; **2**. 166.
37. 1 : 73; **2**. 191.
37. 2 : 281.
37. 4 : **2**. 173, 198, 226.
37. 5 : **2**. 187, 226.
V. 38. 2 : **2**. 160.
39. 1 : **2**. 168.
39. 3 : **2**. 180 n.
39. 4 : **2**. 169.
39. 5 : **2**. 268, 286, 340 n, 469.
40. 1 : **2**. 169, 196.
40. 2 : **2**. 169.
40. 3 : **2**. 169.
40. 4 : **2**. 196, 248.
40. 5 : 6; **2**. 224; **3**. 70.
40. 6 : **2**. 215, 216, 224, 468, 469; **3**. 80, 225, 247.
40. 7 : **2**. 468; **3**. 138.
40. 8 : **2**. 224, 468, 469; **3**. 80, 168.
40. 9 : **2**. 224, 468, 469.
41. 1 : **3**. 262.
41. 2 : 60; **3**. 34, 35.
41. 3 : 27; **2**. 436 n; **3**. 34[2].
41. 4 : 25; **2**. 326, 328, 463.
41. 6 : 279 n, 291; **2**. 478; **3**. 251.
41. 7 : 279 n.
41. 9 : 307 n; **2**. 326[2].
41. 10 : **2**. 18, 326, 328.
41. 11 : 148.
41. 12 : **2**. 505 n.
41. 14 : vii n, 285.
41. 15 : 260, 320.
41. 16 : **2**. 205; **3**. 25.
41. 18 : 325.
41. 19 : 59, 319, 325[2]; **2**. 93.
42. 1 : **2**. 138; **3**. 85 n, 102 n.

V. 42. 5 : **2**. 197, 405, 478, 478 n; **3**. 39[2], 40.
42. 6 : **2**. 390.
42. 9 : 300; **2**. 491; **3**. 217, 240.
42. 10 : **2**. 218 n.
42. 11 : **2**. 403; **3**. 31, 32, 35.
42. 12 : 318[2], 319[2], 326; **2**. 47, 411.
42. 13 : 293; **2**. 109.
42. 14 : 324.
42. 15 : **3**. 34.
43. 1 : **2**. 60, 132.
43. 2 : 237.
43. 3 : 279 n, 291.
43. 4 : 155, 267; **2**. 83 n, 417.
43. 6 : 320[2]; **3**. 243.
43. 7 : **3**. 242, 471.
43. 8 : 290; **2**. 439, 446.
43. 10 : **2**. 371, 400.
43. 11 : 326; **2**. 389 n.
43. 12 : 300, 300 n.
43. 13 : **2**. 58, 457 n.
43. 14 : 60, 62; **2**. 76, 323.
43. 15 : 119.
44. 1 : 181, 233; **2**. 51, 109[2].
44. 2 : 181, 233; **2**. 109; **3**. 80, 181, 198, 219, 240.
44. 4 : **2**. 60 n, 441; **3**. 242.
44. 5 : 267; **2**. 51[2]; **3**. 187.
44. 6 : 181.
44. 7 : 181; **2**. 3.
44. 8 : **2**. 51.
44. 9 : 287; **2**. 51.
V. 44. 11 : 225; **2**. 49, 480; **3**. 82, 91.
44. 12 : 231.
44. 13 : 42.
44. 14 : 167.
44. 15 : 167; **2**. 9.
45. 1 : 297; **2**. 316, 381.
45. 2 : 245, 313; **3**. 123.
45. 3 : 258, 297; **2**. 85, 316.
45. 4 : **2**. 295, 381, 384, 386.
45. 5 : 126.
45. 6 : 67; **2**. 76 n, 106, 316, 480.
45. 7 : 281; **2**. 145, 307, 311 n, 314, 316[2]; **3**. 222, 243.
45. 8 : **2**. 314, 315, 316.
45. 9 : 7, 174; **2**. 141.
45. 10 : 132; **2**. 316.
45. 11 : 298; **2**. 145, 316.
46. 2 : **2**. 383, 431; **3**. 308 n.
46. 3 : 306; **2**. 295; **3**. 39.
46. 4 : 25; **2**. 406 n, 413 n; **3**. 55 n.
46. 5 : 55 n.
46. 6 : **3**. 161 n.
46. 7 : 319; **3**. 219.
46. 8 : 318; **2**. 270, 312 n, 388, 432.
47. 1 : 290; **2**. 106.
47. 2 : 195.
47. 3 : **2**. 101, 398, 418.
47. 4 : 182; **2**. 45, 54, 135, 138.
47. 5 : **2**. 73.
47. 6 : **2**. 25, 45[2].

V. 48. 1 : **3**. 81, 211 n.
48. 3 : 169, 208 ; **2**. 253, 254 ; **3**. 80.
48. 5 : 12 n; **3**. 39, 131, 165.
49. 1 : 60 ; **3**. 39.
49. 2 : 60; **3**. 86.
49. 3 : **2**. 418 n; **3**. 92 n.
50. 3 : 126.
51. 2 : **3**. 254, 255.
51. 3 : 116.
51. 4 : 149.
51. 7 : 154.
51. 8 : **2**. 432, 469.
51. 9 : 182.
51. 10 : **3**. 100.
51. 11 : **3**. 84 n, 92 n.
51. 12 : 213, 303.
51. 13 : **2**. 153, 403.
51. 15 : 157.
52. 1 : **2**. 303 n, 383, 453, 453 n ; **3**. 199.
52. 3 : **2**. 380, 385.
52. 4 : **2**. 371.
52. 6 : 251 ; **2**. 372.
52. 7 : **2**. 385.
52. 8 : **2**. 408.
52. 9 : **2**. 223, 365, 376, 399 n.
52. 10 : **2**. 400.
52. 11 : **2**. 379, 400.
52. 12 : **2**. 384, 472 n.
52. 13 : **2**. 373.
52. 14 : **2**. 231 n.
52. 16 : **2**. 397, 397 n, 398 ; **3**. 35.
53. 1 : **2**. 399 ; **3**. 35.
53. 2 : 324 ; **2**. 185, 361, 372.
V. 53. 3 : **2**. 379, 388.
53. 4 : **2**. 373, 376.
53. 5 : **2**. 185, 372[2].
53. 6 : **2**. 185, 372 ; **3**. 27, 30.
53. 7 : 258, 259 ; **2**. 363, 372, 378[2].
53. 8 : **2**. 379.
53. 9 : 320.
53. 10 : **2**. 185, 372, 400 n.
53. 14 : 253; **2**. 185, 401; **3**. 37.
53. 16 : **2**. 384, 386, 387 n.
54. 1 : **2**. 384, 472.
54. 2 : **2**. 327, 372, 396.
54. 3 : 11 ; **2**. 372, 374, 375.
54. 4 : **2**. 370, 375.
54. 5 : 229 ; **2**. 69 n, 85, 372, 379.
54. 6 : 199, 321 ; **2**. 386.
54. 7 : **2**. 212.
54. 8 : 199 ; **2**. 372, 386.
54. 9 : **2**. 375, 386.
54. 10 : 207; **2**. 397; **3**. 34.
54. 11 : 11, 15; **2**. 373, 376.
54. 12 : **3**. 252.
54. 13 : 157 ; **3**. 31.
54. 14 : **2**. 405 n.
55. 1 : **2**. 378.
55. 2 : **2**. 372.
55. 3 : **2**. 369.
55. 4 : **2**. 379, 385.
55. 5 : 259; **2**. 185[2], 212, 372, 377, 387.
55. 6 : **2**. 376, 378.
55. 7 : **2**. 375.
55. 9 : **2**. 401; **3**. 154.

V. 55. 11 : 287.
56. 1 : **2**. 376.
56. 2 : **2**. 401 ; **3**. 37.
56. 3 : **2**. 374, 401.
56. 4 : 258 ; **2**. 387 n.
56. 5 : **2**. 381, 387 n.
56. 6 : **2**. 378.
56. 7 : **2**. 378, 380, 387.
56. 8 : **2**. 281 n, 388, 390 n.
56. 9 : **2**. 388.
57. 1 : 282 ; **2**. 369, 370, 390 n.
57. 2 : **2**. 373, 378, 397, 403 n ; **3**. 37.
57. 3 : **2**. 45 n, 374, 378, 397.
57. 4 : **2**. 185, 369, 371, 375, 376, 378[2].
57. 5 : 279 n ; **2**. 373, 383, 385, 396.
57. 6 : **2**. 373.
57. 7 : **2**. 370.
57. 8 : **3**. 154, 186, 252.
58. 1 : 195 ; **2**. 378, 400 n.
58. 2 : 136 n ; **2**. 371 ; **3**. 81, 252.
58. 3 : **2**. 185, 371, 372.
58. 4 : **2**. 386.
58. 5 : **2**. 261 n[3], 262 n, 369, 389, 397, 400.
58. 6 : 4, 257, 316 n ; **2**. 372[2], 378.
58. 7 : **2**. 185, 370, 373, 374 n[2], 375, 377, 384, 389, 400.
59. 1 : **2**. 376, 378, 381 n, 387 ; **3**. 167 n.
59. 2 : **2**. 94, 374.
V. 59. 3 : **2**. 379[2], 388 ; **3**. 168.
59. 4 : **2**. 374.
59. 5 : **2**. 185, 379, 388, 392 ; **3**. 168.
59. 6 : **2**. 369, 388, 396, 397[2] ; **3**. 34.
59. 7 : 257 ; **2**. 372, 379.
59. 8 : 4 n, 313 ; **2**. 372 ; **3**. 34, 90.
60. 2 : **2**. 281 n, 370, 374, 378.
60. 3 : **2**. 374, 377.
60. 4 : **2**. 388.
60. 5 : **2**. 369, 397, 398 ; **3**. 35.
60. 6 : **2**. 370, 381, 386.
60. 7 : **2**. 94, 153, 381.
60. 8 : 62 n ; **2**. 153, 153 n, 381, 383, 384.
61. 1 : **2**. 369 n, 400 n.
61. 2 : 89 n ; **2**. 378.
61. 4 : **2**. 388.
61. 5 : **2**. 303 n, 389, 453.
61. 6 : **2**. 219, 387 n, 389.
61. 7 : **2**. 387 n.
61. 8 : **2**. 387 n.
61. 9 : **2**. 387 n, 461 n.
61. 12 : **2**. 376.
61. 14 : **3**. 252.
61. 15 : **2**. 386.
62. 1 : 156 ; **3**. 117, 259.
62. 2 : 7 ; **2**. 502 n ; **3**. 117, 122 n.
62. 3 : **2**. 185 ; **3**. 122.
62. 4 : **3**. 130[2].
62. 5 : 324 ; **3**. 124, 133.
62. 6 : 324 ; **3**. 156.
62. 7 : **3**. 32, 124, 125.

V. 62. 8 : 249; **3.** 97, 123, 123 n.
62. 9 : **3.** 122.
62. 17 : **2.** 371.
63. : **3.** 126.
63. 1 : **2.** 185; **3.** 122, 261.
63. 2 : **2.** 185.
63. 3 : **2.** 185; **3.** 29, 81, 86.
63. 4 : 7; **2.** 185; **3.** 27, 29, 81.
63. 5 : 260.
63. 6 : 280; **2.** 185, 376; **3.** 28, 30, 81.
63. 7 : 7; **3.** 29, 81, 86, 117, 221, 223, 261.
64. 1 : 207 n.
65. 1 : 126.
65. 2 : **3.** 260.
65. 5 : **3.** 121 n.
65. 6 : **2.** 116; **3.** 165.
66. 2 : **3.** 198, 258.
66. 4 : **2.** 477 n; **3.** 135.
66. 5 : **3.** 260.
67. 3 : **3.** 222, 257.
67. 4 : **3.** 182 n, 199, 260.
67. 5 : **2.** 469.
68. 1 : vi n; **3.** 262.
68. 3 : **2.** 133.
68. 4 : **2.** 235; **3.** 199, 222. 259.
68. 5 : **2.** 185; **3.** 124.
69. 1 : **2.** 120 n; **3.** 257.
69. 2 : 232, 241, 259; **2.** 45; **3.** 122 n.
69. 3 : 32.
69. 4 : **3.** 221, 258.
70. 2 : **3.** 38 n, 199.
70. 3 : **3.** 38 n.
V. 70. 4 : **3.** 194.
72. 1 : **2.** 469.
72. 2 : **3.** 121 n, 166, 261.
73. 3 : **2.** 502.
73. 4 : **2.** 506.
73. 5 : **2.** 442, 487.
73. 6 : **2.** 469, 470.
73. 7 : **2.** 382 n, 441.
73. 8 : **2.** 433, 436 n, 444; **3.** 38 n.
73. 9 : **3.** 208.
73. 10 : **2.** 273, 274 n, 283 n.
74. 1 : **2.** 446, 469.
74. 2 : **2.** 501.
74. 3 : **2.** 324 n.
74. 4 : **2.** 78, 473[2]; **3.** 193.
74. 5 : **2.** 481, 482.
74. 7 : 147; **2.** 287 n.
74. 8 : **2.** 283 n.
74. 9 : **2.** 443.
75. 1 : **2.** 434.
75. 2 : 258; **2.** 287, 433.
75. 3 : **2.** 436 n; **3.** 38 n.
75. 4 : **2.** 441, 446, 490.
75. 5 : **2.** 442, 481; **3.** 208.
75. 6 : **2.** 280 n, 442.
75. 7 : **3.** 287.
75. 9 : **2.** 14, 46, 432.
76. 1 : **2.** 15, 432, 471.
76. 3 : 32; **2.** 500.
76. 4 : **2.** 501.
76. 5 : **2.** 501.
77. 1 : **2.** 431[2].
77. 2 : **2.** 229.
77. 3 : **2.** 432.
78. 1 : **2.** 443.
78. 2 : **2.** 443 n.

V. 78. 4 : **2**. 469.
78. 5 : **2**. 467.
78. 6 : **2**. 467 ; **3**. 82.
78. 7 : 26.
78. 8 : 26[2].
79. 1 : 247.
79. 2 : 247.
79. 3 : 247.
79. 9 : **2**. 193 ; **3**. 183, 202.
80. 1 : **3**. 225, 298.
80. 2 : 242.
80. 3 : 242, 247.
80. 4 : 246 ; **3**. 223, 225.
80. 5 : 242, 246, 313.
80. 6 : 246.
81. 2 : **2**. 159 ; **3**. 39, 289.
81. 3 : **2**. 159, 333 ; **3**. 39, 50, 51.
81. 4 : **2**. 118 ; **3**. 39, 51, 51 n, 55 n, 253, 256.
81. 5 : **2**. 303 n, 424, 453 ; **3**. 39.
82. 1 : **3**. 39.
82. 3 : **3**. 39.
82. 5 : **3**. 43.
82. 6 : **3**. 160, 217.
82. 7 : **3**. 219.
82. 8 : 249 ; **3**. 55 n.
82. 9 : **2**. 447 n.
83. 1 : 172 ; **3**. 25, 27, 28.
83. 2 : **2**. 217, 218 n ; **3**. 28[2], 29, 154.
83. 3 : 258 ; **2**. 185, 226 n, 433 ; **3**. 28.
83. 4 : 9, 26 ; **3**. 25, 26, 28.
83. 5 : **3**. 25, 29, 219, 252.
V. 83. 6 : **2**. 185, 283 n, 372, 376 n ; **3**. 25, 27, 28, 29, 30, 35.
83. 7 : 257 ; **3**. 25, 28[2].
83. 8 : 257, 260, 315 ; **3**. 27, 28.
83. 9 : **3**. 29, 154.
83. 10 : 253, 294 ; **2**. 185[2], 357 n ; **3**. 25, 27, 28.
84. 1 : 236.
84. 2 : 191, 239 ; **2**. 405 n.
84. 3 : 9.
85. 1 : 135, 241, 315 ; **2**. 79 ; **3**. 118.
85. 2 : 22, 148 ; **2**. 16 ; **3**. 306.
85. 3 : 257 ; **2**. 185 ; **3**. 127.
85. 4 : 238, 257, 260 ; **3**. 127.
85. 5 : **3**. 81, 118.
85. 6 : **3**. 81, 128.
85. 7 : **3**. 178.
85. 8 : **2**. 425 ; **3**. 177.
86. : **2**. 295.
86. 1 : **2**. 329.
86. 2 : **2**. 137, 295[2].
86. 3 : **2**. 295.
86. 5 : **3**. 203.
87. : **2**. 383, 419.
87. 1 : 287 ; **3**. 252.
87. 2 : **2**. 400.
87. 3 : **2**. 94, 377, 383.
87. 5 : **2**. 373, 382.
87. 6 : **2**. 371, 376.
87. 7 : **2**. 370, 374 n, 376.
87. 8 : **2**. 369.
87. 9 : 257 ; **2**. 377.

MAṆḌALA VI

VI. 1. 1 : 42 ; **2**. 10.
1. 2 : 323.
1. 4 : 98 ; **2**. 401 n ; **3**. 294.
1. 5 : 119 ; **2**. 133, 242.
1. 7 : 71.
1. 8 : 43.
1. 11 : 16 ; **2**. 5, 405 n.
2. 1 : **3**. 134.
2. 2 : 141.
2. 3 : 141.
2. 6 : 13, 71.
2. 8 : 143 ; **2**. 206 n, 505.
2. 9 : **3**. 212 n.
2. 10 : 47.
2. 11 : 136 n.
3. 1 : **3**. 136, 263.
3. 3 : 13, 17.
3. 4 : 11, 143, 145.
3. 5 : 145^{3}.
3. 6 : 43 n, 136 n ; **2**. 14 ; **3**. 19.
3. 7 : 43, 144.
3. 8 : 279 n ; **2**. 375, 408, 410.
4. 1 : 66^{2}.
4. 3 : 13 ; **2**. 222 n ; **3**. 8 n.
4. 4 : 42.
4. 6 : 13, 16, 58, 144 ; **2**. 5, 479.
4. 7 : 279 n.
5. 1 : **3**. 181, 187.

VI. 5. 6 : **2**. 10.
6. 2 : 15.
6. 3 : 26, 290 ; **2**. 308.
6. 4 : 143 ; **2**. 398.
6. 5 : 145.
6. 6 : 28.
7. : **2**. 153.
7. 1 : 112 ; **2**. 81, 154, 155, 293 ; **3**. 224, 229.
7. 2 : 112 ; **2**. 155, 345 n.
7. 4 : 83, 106 ; **2**. 4, 155.
7. 5 : **2**. 4, 154 ; **3**. 221, 228.
7. 6 : 16, 195, 195 n ; **2**. 82, 140, 154^{2}.
7. 7 : 16, 195 ; **2**. 154^{2} ; **3**. 181, 197.
8. : **2**. 153.
8. 1 : 283 ; **2**. 155.
8. 2 : 16 ; **2**. 154^{2} ; **3**. 223^{2}, 228.
8. 3 : 241^{2} ; **2**. 5, 79, 154.
8. 4 : 55, 87 ; **2**. 154, 155.
8. 7 : 23 ; **2**. 154 ; **3**. 181, 197.
9. : **2**. 153.
9. 1 : 249 ; **2**. 118, 154, 336 ; **3**. 288.
9. 2 : **2**. 104^{2}.
9. 3 : 195 ; **2**. 104.
9. 4 : **2**. 242.

VI. 9. 5 : **3**. 311.
9. 7 : **2**. 155.
10. 2 : 19, 65, 284 ; **2**. 9 n.
10. 4 : 16 ; **2**. 4, 121.
10. 7 : 324[2].
11. 1 : **2**. 431.
11. 2 : 30.
11. 3 : 47 ; **3**. 19.
11. 4 : 60, 120 ; **2**. 137.
11. 5 : **2**. 9, 261 n[2].
11. 6 : 20, 103.
12. 1 : 13, 28 ; **2**. 312 n ; **3**. 229.
12. 2 : 23, 120.
12. 3 : 28 ; **3**. 187.
12. 4 : 143 ; **2**. 15.
12. 5 : **3**. 164.
12. 6 : 19, 143.
13. 1 : **2**. 185, 294.
13. 2 : **2**. 505[2] ; **3**. 134, 230.
13. 3 : 28 ; **2**. 18, 37, 198 n, 294, 505 ; **3**. 229.
13. 5 : **2**. 498, 498 n.
14. 2 : 41, 68.
14. 3 : 61 n ; **2**. 215, 218 n ; **3**. 232, 235.
15. 1 : 16.
15. 2 : 54.
15. 4 : 43, 65, 207.
15. 5 : **2**. 14, 331.
15. 7 : **3**. 180 n, 187.
15. 8 : 118.
15. 9 : 72[3], 118 ; **2**. 118 ; **3**. 222[2]. 229.
15. 13 : 118 ; **3**. 230, 334.
15. 14 : **3**. 231.
15. 16 : **3**. 47.
VI. 15. 17 : 50.
15. 18 : 71 ; **3**. 255.
16. 1 : 112.
16. 3 : 72.
16. 5 : **2**. 344 n.
16. 9 : 65.
16. 11 : 47 ; **2**. 242.
16. 13 : 49, 51 n ; **2**. 80.
16. 14 : 49 ; **2**. 294, 458[2].
16. 15 : **2**. 294.
16. 19 : 45 n, 323 ; **2**. 294, 344 n.
16. 21 : 44.
16. 24 : **3**. 256.
16. 27 : **2**. 218 n.
16. 29 : **2**. 217 ; **3**. 190.
16. 30 : 300 n.
16. 35 : 15, 284 ; **2**. 103 ; **3**. 230.
16. 36 : 285, 293.
16. 39 : 142.
16. 43 : 143.
16. 45 : 323.
16. 46 : 118 ; **3**. 187.
16. 47 : 312.
16. 48 : 103 ; **2**. 217, 294.
17. 1 : **2**. 180, 203, 276, 363.
17. 2 : **2**. 180, 268, 363.
17. 3 : **2**. 183, 187, 191, 273, 363.
17. 4 : **2**. 237, 250.
17. 5 : **2**. 180, 184, 191[2], 252[2].
17. 6 : **2**. 83 n[3], 195, 311.
17. 7 : 237 ; **3**. 226.
17. 8 : **2**. 190, 235.
17. 9 : **2**. 204, 206.

VI. 17. 10 : **2**. 204 ; **3**. 49.
17. 11 : 177 ; **2**. 242, 243, 248, 249, 266, 383, 391, 418, 419², 426, 430.
17. 12 : **2**. 186.
17. 13 : **2**. 174.
17. 15 : **2**. 189.
18. 1 : **2**. 169, 273.
18. 2 : **2**. 174.
18. 3 : **2**. 210.
18. 4 : **2**. 170.
18. 5 : **2**. 312, 321.
18. 6 : **2**. 177 n, 196.
18. 8 : **2**. 334, 341, 348, 350 ; **3**. 203.
18. 9 : **2**. 172, 203 ; **3**. 80.
18. 10 : **2**. 218.
18. 11 : **2**. 164.
18. 12 : **2**. 163, 170 ; **3**. 82.
18. 13 : 60 ; **2**. 337, 344.
18. 14 : **2**. 204, 205 n², 234, 276.
18. 15 : **2**. 174 ; **3**. 76.
19. 1 : **2**. 164.
19. 2 : **2**. 250, 251, 466.
19. 3 : **2**. 172.
19. 4 : 102 n ; **2**. 174.
19. 5 : **2**. 176, 250 ; **3**. 248.
19. 6 : **2**. 176.
19. 7 : **2**. 177 n, 253.
19. 8 : **2**. 176.
19. 9 : **2**. 189.
19. 10 : **2**. 133, 176.
19. 12 : **2**. 185 n.
19. 13 : **2**. 198.
20. 1 : **2**. 176.
VI. 20. 2 : **2**. 200, 204, 418 ; **3**. 71, 75², 76, 79.
20. 3 : **2**. 195, 263, 274, 275.
20. 4 : 279 n ; **2**. 306, 319 n, 334 ; **3**. 80.
20. 5 : **2**. 190 ; **3**. 202, 335, 337.
20. 6 : **2**. 210, 248, 345², 346, 346 n, 347², 348, 349.
20. 7 : **2**. 347, 348⁴, 349
20. 8 : **2**. 306 ; **3**. 16, 16 n, 82.
20. 9 : **2**. 172, 279 ; **3**. 31.
20. 10 : **2**. 140, 211, 305, 352³, 353.
20. 11 : **2**. 223, 236, 338, 339 ; **3**. 63 n.
20. 12 : **2**. 184, 357.
20. 13 : 279 n ; **2**. 350², 351.
21. 2 : **2**. 236, 286 ; **3**. 82.
21. 3 : **2**. 187 ; **3**. 221, 246, 315.
21. 4 : **2**. 228, 229.
21. 5 : **2**. 310.
21. 6 : **2**. 286.
21. 7 : **2**. 218, 263.
21. 8 : **2**. 310.
21. 9 : **2**. 478.
21. 11 : 70 ; **2**. 214 n, 293, 325 n ; **3**. 255.
22. 1 : **3**. 82, 182 n.
22. 2 : **2**. 145, 149, 308, 310² ; **3**. 181, 202, 203.

VI. 22. 6 : **2**. 180 n; **3**. 80.
22. 8 : **2**. 190, 216 ; **3**. 202.
22. 9 : **2**. 234 ; **3**. 80.
22. 10 : **2**. 198, 209, 324 n.
23. 1 : **2**. 262², 262 n.
23. 2 : **2**. 173, 196, 208.
23. 3 : **2**. 205 n.
23. 4 : **2**. 178.
23. 5 : **2**. 274.
23. 6 : **2**. 236, 237, 274.
23. 7 : **2**. 205 n.
23. 8 : **2**. 279.
24. 1 : **2**. 269.
24. 2 : 308.
24. 3 : 240 ; **2**. 163.
24. 4 : **2**. 180.
24. 22 : **3**. 81.
24. 6 : **2**. 237, 274, 286, 287.
24. 7 : **2**. 275.
25. 1 : **2**. 133, 176, 196.
25. 2 : **2**. 210.
25. 3 : **2**. 209.
25. 4 : **2**. 185 n.
25. 5 : **2**. 171.
25. 6 : **2**. 198.
25. 7 : **2**. 219 n².
25. 8 : **2**. 196 ; **3**. 76.
25. 9 : **2**. 172.
26. 1 : **2**. 172.
26. 2 : **2**. 178, 199.
26. 3 : 279 n ; **2**. 335², 342, 344, 344 n.
26. 4 : **2**. 300, 305, 306, 497 ; **3**. 11 n, 16, 16 n.
26. 5 : **2**. 210, 342, 343.
VI. 26. 6 : **2**. 166, 252, 304, 350².
26. 7 : **2**. 324 n.
26. 8 : **2**. 25, 197.
27. 1 : **2**. 251.
27. 3 : **2**. 167.
27. 4 : **2**. 304.
27. 5 : **2**. 304.
27. 7 : **2**. 356, 358.
27. 8 : 127 ; **2**. 304.
28. 1 : 276.
28. 2 : **2**. 237.
28. 3 : **2**. 227 ; **3**. 181.
28. 4 : **2**. 227.
28. 5 : **2**. 179, 231 n.
28. 7 : **3**. 33.
29. 2 : **2**. 261 n², 262, 262 n.
29. 3 : 128; **2**. 39 n, 169, 261 n, 262 n ; **3**. 285².
29. 4 : **2**. 243, 261 n.
29. 5 : **2**. 169, 170, 502 n.
29. 6 : **2**. 164, 207, 208, 210.
30. 1 : **2**. 163.
30. 2 : **2**. 189 n, 191; **3**. 74.
30. 3 : **2**. 186.
30. 4 : **2**. 170, 186.
30. 5 : **2**. 188, 192.
31. 1 : **2**. 163, 189, 189 n.
31. 3 : **2**. 188, 334, 336, 337.
31. 4 : **2**. 146 n, 210, 342, 343.
31. 5 : **2**. 171, 177.
32. 2 : **2**. 2, 183, 187, 191, 319 n.

VI. 32. 5 : **2.** 184.
33. 1 : **2.** 178, 198, 253.
33. 2 : **2.** 174.
33. 3 : **2.** 198, 209, 268 n.
33. 4 : **2.** 236.
33. 5 : **2.** 178; **3.** 204.
34. 1 : **2.** 174, 290.
34. 2 : **2.** 232, 279.
34. 3 : **2.** 276.
34. 4 : 158; **2.** 236, 261, 261 n.
34. 5 : **2.** 196, 236.
35. 1 : **2.** 226.
35. 2 : **2.** 178, 189.
35. 3 : vii n; **2.** 286.
35. 4 : **2.** 177, 179.
35. 5 : v n, 278 n; **2.** 277, 312.
36. 1 : 175; **3.** 71, 74[2].
36. 2 : **2.** 196.
36. 3 : 282.
36. 4 : **2.** 176.
36. 5 : **2.** 218 n.
37. 1 : **2.** 255, 260[2].
37. 2 : **2.** 244, 255, 260[2].
37. 3 : 171, 197; **2.** 212, 255, 260.
37. 4 : 127; **2.** 169.
37. 5 : **2.** 169, 197, 274, 405 n.
38. 2 : **2.** 228.
38. 3 : **2.** 164, 165, 273.
38. 4 : **2.** 236, 249, 267, 274, 275.
38. 5 : **2.** 164, 196, 274.
39. 1 : 185.
39. 2 : 316 n; **2.** 277, 320[2]; **3.** 241.
VI. 39. 3 : **2.** 42[2], 244, 266.
39. 4 : 181; **3.** 238.
39. 5 : **2.** 184.
40. 2 : **2.** 32, 164, 247, 248; **3.** 61 n.
40. 3 : **2.** 293.
40. 4 : **2.** 237.
40. 5 : **2.** 233.
41. 1 : 165; **3.** 203.
41. 2 : **2.** 181, 251, 253.
41. 3 : **2.** 244, 246.
41. 4 : **2.** 229, 250.
41. 5 : **2.** 172, 244.
42. 4 : **2.** 444 n.
43. 1 : **2.** 252, 343, 344.
43. 3 : **2.** 180, 252.
43. 4 : **2.** 250.
44. 3 : **2.** 250.
44. 5 : **2.** 273.
44. 6 : vi n, vii n; **2.** 228.
44. 7 : **3.** 134.
44. 8 : **2.** 275, 303 n; **3.** 245.
44. 9 : **2.** 174.
44. 11 : **2.** 226.
44. 12 : **2.** 183; **3.** 182, 203.
44. 13 : **2.** 244, 273.
44. 14 : **2.** 197, 252.
44. 15 : **2.** 252.
44. 16 : **2.** 243.
44. 17 : **2.** 252.
44. 18 : **2.** 177 n[2], 185 n.
44. 22 : **2.** 103, 144, 265; **3.** 18, 64, 174.
44. 23 : 180, 197; **2.** 46, 195, 265, 327.
44. 24 : **2.** 22, 83 n, 141, 265.

VI. 45. 1 : **2**. 358.
45. 2 : **2**. 174.
45. 4 : **2**. 286.
45. 5 : **2**. 196.
45. 7 : **2**. 231, 277, 286.
45. 9 : **2**. 180 n, 280 n; **3**. 80.
45. 14 : **2**. 174.
45. 15 : **2**. 174.
45. 16 : **2**. 164.
45. 17 : **3**. 204.
45. 18 : **2**. 218.
45. 19 : **2**. 286, 422 n.
45. 20 : **2**. 176.
45. 21 : **2**. 178, 460.
45. 23 : **2**. 178.
45. 24 : **2**. 178, 180, 209.
45. 25 : **2**. 278.
45. 26 : **2**. 231 n.
45. 28 : **2**. 278.
45. 30 : **2**. 287.
45. 31 : **2**. 319.
45. 33 : **2**. 219 n[2], 319; **3**. 287 n.
46. 1 : **2**. 199.
46. 2 : **2**. 178, 179.
46. 3 : **2**. 172, 236, 281 n.
46. 4 : **2**. 177 n, 185 n, 189, 189 n[2].
46. 6 : **2**. 173.
46. 7 : **2**. 138, 156 n, 176, 324 n.
46. 8 : **2**. 173, 354, 355, 359 n.
46. 10 : **2**. 178.
46. 11 : **2**. 177 n.
46. 12 : **2**. 177 n.
46. 13 : **2**. 182 n.
VI. 46. 14 : **2**. 59, 182, 182 n.
47. 1-5 : **2**. 266.
47. 1 : 149; **2**. 251.
47. 2 : **2**. 146 n, 252, 342.
47. 3 : 150, 213; **2**. 22, 25, 121.
47. 4 : 178, 213; **2**. 22, 141.
47. 5 : 212; **2**. 390.
47. 6 : **2**. 196, 248.
47. 8 : **2**. 189, 205 n.
47. 9 : **2**. 218 n; **3**. 46 n.
47. 10 : vii n; **2**. 278; **3**. 204.
47. 12 : **3**. 204.
47. 14 : 282; **2**. 184, 286.
47. 15-18 : **3**. 204.
47. 15 : **2**. 290.
47. 16 : **2**. 234.
47. 18 : **2**. 161, 171, 285; **3**. 82.
47. 19 : **3**. 51 n.
47. 20 : 303; **2**. 291; **3**. 288[2].
47. 21 : **2**. 191, 210, 342[2].
47. 22 : **2**. 343, 345.
47. 23 : **2**. 343.
47. 24 : 49 n.
47. 26 : **2**. 59, 181.
47. 27 : **2**. 59, 181.
47. 28 : **2**. 377.
47. 29 : **2**. 181 n.
47. 30 : **2**. 181 n.
47. 31 : **2**. 181 n.
48. 2 : **2**. 236.
48. 4 : **2**. 405 n.
48. 5 : 20; **2**. 7[2], 17; **3**. 229.

VI. 48. 6 : 16 n, 71 ; **2**. 4.
48. 8 : 43.
48. 10 : **3**. 79, 171, 181, 197.
48. 11 : **2**. 71, 387.
48. 12 : **2**. 71 ; **3**. 154.
48. 13 : **2**. 387.
48. 14 : **3**. 81[2].
48. 15 : **2**. 373, 421.
48. 16 : **2**. 218 n, 284 n.
48. 17 : **2**. 424 n.
48. 18 : **2**. 424 n, 459 n, 460.
48. 19 : **2**. 426, 429.
48. 20 : **3**. 295, 296.
48. 21 : **2**. 392, 400, 401[2].
48. 22 : **2**. 71, 72 n, 399.
49. 1 : **3**. 256.
49. 2 : 18, 118 ; **2**. 5, 467 n.
49. 3 : 249 ; **2**. 46, 312 n.
49. 4 : **3**. 316.
49. 5 : **2**. 280 n.
49. 6 : **2**. 264 n, 495 n ; **3**. 28, 186.
49. 7 : 252, 327[2].
49. 8 : 279 n ; **2**. 421, 423, 425.
49. 9 : **2**. 408 ; **3**. 46 n, 58 n.
49. 10 : **2**. 273 ; **3**. 34.
49. 11 : 48 n.
49. 12 : 309.
49. 13 : 68 ; **2**. 325 n, 415.
49. 14 : 279 n ; **2**. 205, 478 ; **3**. 39.
49. 15 : **3**. 254.
50. 1 : **3**. 156.
50. 2 : **2**. 293 ; **3**. 93, 167, 182 n, 199, 259.

VI. 50. 3 : 241 ; **3**. 167.
50. 4 : **3**. 34.
50. 5 : **2**. 261 n[2], 389, 426.
50. 7 : 260[2] ; **2**. 46.
50. 8 : 243.
50. 10 : **2**. 431, 461, 469.
50. 11 : **2**. 142 n.
50. 12 : 25 n, 327 n ; **2**. 264 n, 405 ; **3**. 28.
50. 13 : **3**. 39, 40, 47.
50. 14 : **2**. 205[2], 273 n ; **3**. 21, 23, 255.
51. 1 : 7 ; **2**. 116 ; **3**. 117, 181, 197, 225, 250, 259.
51. 2 : **2**. 139 ; **3**. 168, 176, 185.
51. 3 : **3**. 198, 259.
51. 4 : 136 n ; **3**. 90 n, 198.
51. 5 : **2**. 4 ; **3**. 100[2], 190, 199.
51. 7 : **3**. 165, 175, 190.
51. 8 : **2**. 233[2] ; **3**. 178.
51. 9 : **3**. 198, 224, 259.
51. 10 : **3**. 259.
51. 11 : **2**. 236 ; **3**. 90.
51. 13 : **3**. 188.
52. 2 : **3**. 191.
52. 3 : 185, 254.
52. 5 : 6.
52. 6 : 326 ; **3**. 27.
52. 9 : 36 n, 194.
52. 10 : **3**. 255.
52. 12 : 40.
52. 13 : **2**. 142 n, 293.
52. 14 : **2**. 18.

VI. 52. 15 : **2**. 142 n, 205 n.
52. 16 : 172, 324; **2**. 11; **3**. 26.
53. : 127.
53. 1 : **2**. 279 n, 421.
53. 2 : **2**. 422 n.
53. 3 : **2**. 319, 422.
53. 4 : 296; **2**. 421, 429.
53. 5 : **2**. 319, 422, 424.
53. 6 : **2**. 319, 422, 424.
53. 7 : **2**. 319, 422.
53. 8 : **2**. 422 n, 424, 425.
53. 9 : **2**. 282, 420, 424[2], 427.
53. 10 : 297.
54. 1 : **2**. 421 n.
54. 2 : **2**. 421 n.
54. 3 : **2**. 424[2], 434 n, 492 n.
54. 4 : **2**. 226, 421.
54. 5 : **2**. 421.
54. 6 : 126; **2**. 421.
54. 7 : **2**. 421, 421 n.
54. 8 : **2**. 421.
54. 9 : **3**. 219, 251.
54. 10 : **2**. 421.
55. 1 : **2**. 423; **3**. 251.
55. 2 : **2**. 282, 427.
55. 3 : **2**. 424 n.
55. 4 : **2**. 59, 429.
55. 5 : **2**. 59, 428, 429[2].
55. 6 : **2**. 427.
56. 1 : 125.
56. 2 : **2**. 197, 429.
56. 3 : **2**. 365, 423.
56. 5 : **2**. 421.
57. : **2**. 429.
57. 1 : **2**. 116.
VI. 57. 2 : 124; **2**. 249.
57. 3 : **2**. 197, 427.
57. 4 : **2**. 429.
57. 5 : **2**. 232.
57. 6 : **2**. 232.
58. 1 : 249; **2**. 423; **3**. 39, 83.
58. 2 : **2**. 282, 420, 421, 424[2], 426, 427; **3**. 172 n.
58. 3 : **2**. 423, 424 n.
58. 4 : 324; **2**. 423, 426, 428, 482 n.
59. : **2**. 295.
59. 1 : **2**. 499; **3**. 75.
59. 2 : **2**. 73 n, 297.
59. 3 : **2**. 116, 295.
59. 4 : **2**. 389, 479 n; **3**. 248.
59. 5 : **2**. 297, 510.
59. 6 : 318; **2**. 296, 389, 499; **3**. 303, 312.
59. 7 : **2**. 295, 389.
59. 8 : **2**. 218 n, 295; **3**. 193.
59. 9 : **2**. 133, 295.
59. 10 : **2**. 286 n, 287.
60. : **2**. 295.
60. 1 : **2**. 198 n, 295.
60. 2 : **2**. 295.
60. 3 : **2**. 295.
60. 5 : **3**. 204.
60. 6 : **2**. 198 n, 209 n, 295.
60. 10 : 11; **2**. 296.
60. 11 : **2**. 296.
61. : **2**. 148.
61. 1 : 328; **2**. 317, 343; **3**. 164.

VI. 61. 3 : 328; **2**. 317; **3**. 80.
61. 4 : 327; **2**. 405 n.
61. 7 : 328; **2**. 290.
61. 9 : 326; **3**. 243.
61. 10 : 326; **2**. 147.
61. 11 : **2**. 147.
61. 12 : 327; **2**. 137, 147, 149.
61. 13 : 326.
61. 14 : 326, 328; **2**. 71.
62. 1 : 316 n; **2**. 431.
62. 4 : **2**. 438; **3**. 180 n, 187.
62. 6 : **3**. 10, 12 n, 13, 14.
62. 7 : **2**. 435, 474, 476, 481 n.
62. 8 : **2**. 218 n; **3**. 99, 194.
62. 9 : **2**. 217, 218 n; **3**. 120[2], 121, 136, 180, 189.
62. 10 : **2**. 435.
62. 11 : **2**. 435, 501.
63. 4 : **2**. 9, 279 n, 438.
63. 5 : **2**. 160, 432, 487; **3**. 82.
63. 6 : **2**. 442, 446, 486.
63. 7 : **2**. 442.
63. 8 : **2**. 444.
63. 10 : **2**. 218 n, 435, 448 n.
64. 1 : 128, 155, 242, 298, 313; **3**. 285.
64. 2 : 246.
64. 3 : 246, 247; **2**. 489.
64. 4 : 313.
64. 5 : 247, 297; **2**. 380.
64. 6 : 243.

VI. 65. 1 : 241, 286.
65. 2 : 242, 245, 247.
65. 5 : 134, 246.
65. 6 : 247.
66. 1 : 321; **2**. 399[3].
66. 2 : **2**. 376, 399, 400.
66. 3 : **2**. 398, 399[2]; **3**. 35[2].
66. 4 : **2**. 400.
66. 5 : **2**. 400; **3**. 211 n.
66. 6 : **2**. 388.
66. 8 : **2**. 392.
66. 9 : 285; **2**. 374.
66. 10 : 15; **2**. 94, 376, 377.
66. 11 : 282, 282 n; **2**. 373; **3**. 34.
67. 1 : **2**. 273.
67. 3 : **3**. 121 n, 166.
67. 4 : **3**. 101, 188, 216, 258.
67. 5 : **3**. 117, 166, 181, 197.
67. 7 : **3**. 122 n.
67. 8 : **3**. 187, 219, 262.
67. 9 : **3**. 216, 221, 263.
67. 10 : **3**. 186.
67. 11 : **2**. 51; **3**. 122 n.
68. 1 : 66.
68. 2 : **2**. 197 n; **3**. 140, 248.
68. 3 : **2**. 197 n, 203; **3**. 141.
68. 4 : **3**. 149.
68. 5 : **2**. 226; **3**. 246, 262.
68. 9 : **3**. 141, 256.
68. 10 : **3**. 248.

VI. 69. 2 : **2**. 245.
69. 3 : **2**. 268.
69. 5 : **2**. 251 n, 418[2].
69. 6 : **2**. 242, 245[2].
69. 7 : **2**. 245.
69. 8 : **2**. 418.
70. 1 : 239 ; **3**. 118 n, 256.
70. 2 : 67, 238 ; **3**. 226 n.
70. 3 : 241 ; **2**. 226 ; **3**. 223, 226 n, 254.
70. 4 : 119.
70. 5 : 119 ; **2**. 262 n ; **3**. 226 n.
71. 1 : **3**. 218 n.
71. 2 : **3**. 46, 55, 217, 218[2].
71. 3 : **3**. 45, 181, 197.
71. 4 : **3**. 45[3], 55 n.
71. 5 : **3**. 46, 57.
71. 6 : 296.
72. 1-4 : **2**. 265.
72. 3 : **2**. 204[2].
72. 4 : **2**. 83 n[2], 476.
VI. 73. 1 : 301, 304 ; **2**. 291, 313, 472 ; **3**. 240.
73. 2 : 302 ; **2**. 291.
73. 3 : 279 n, 301[2], 302 ; **2**. 291.
74. 1 : **2**. 133 ; **3**. 32, 35.
74. 2 : **3**. 32.
74. 3 : **3**. 32, 162, 174.
74. 4 : **3**. 174.
75. 1 : **2**. 182.
75. 4 : 159 n.
75. 9 : 95.
75. 10 : 95 ; **3**. 255.
75. 11 : 169 ; **2**. 59, 182, 263 n.
75. 13 : **2**. 182 n[2].
75. 14 : **2**. 203 n.
75. 15 : 169 ; **2**. 182, 253 ; **3**. 25.
75. 16 : 297.
75. 17 : **3**. 95.
75. 18 : 192, 196 n, 224.
75. 19 : 297 ; **3**. 200.

MAṆḌALA VII

VII. 1. 1 : 49 n; **2**. 7[2], 10.
1. 2 : 112.
1. 6 : 320; **2**. 9, 15.
1. 8 : 50.
1. 9 : 107.
1. 10 : **2**. 294; **3**. 80.
1. 12 : **2**. 495.
1. 13 : **2**. 217[2], 218 n; **3**. 189.
1. 14 : 12, 284; **2**. 9.
1. 15 : 12.
1. 16 : 12.
1. 17 : **2**. 53.
1. 18 : 71.
1. 19 : **2**. 217; **3**. 171, 230.
1. 22 : 20, 103; **3**. 170.
2. : 234 n, 267, 305 n, 322[2].
2. 1 : 74.
2. 2 : 119.
2. 3 : 66, 72; **3**. 84, 187.
2. 5 : 132, 159 n; **2**. 5.
2. 6 : 250[2]; **2**. 15.
2. 7 : 178, 233 n.
2. 8 : 178.
2. 10 : 267, 267 n, 268 n.
3. 1 : 19.
3. 2 : 143.
VII. 3. 3 : 72.
3. 5 : 71, 143; **2**. 15.
3. 6 : 13, 15, 145.
3. 7 : 324.
3. 9 : 145; **2**. 4.
3. 10 : **3**. 306.
4. 1 : 118.
4. 2 : 40; **2**. 65.
4. 3 : 61; **2**. 88.
4. 4 : 41; **3**. 171.
4. 5 : 21, 112, 140; **2**. 6.
4. 6 : 196.
4. 7 : **2**. 88, 111; **3**. 170.
5. 1 : 104, 118, 119; **2**. 155, 242.
5. 2 : 119; **2**. 154, 155.
5. 3 : **2**. 154, 294, 351.
5. 4 : 16 n; **2**. 119, 119 n, 154; **3**. 222, 228.
5. 5 : **2**. 16, 94 n, 286 n.
5. 6 : 101 n; **2**. 153, 213 n, 294; **3**. 84.
5. 7 : 143; **2**. 76 n, 154.
5. 9 : **2**. 381.
5. 13 : **2**. 153.
5. 18 : **3**. 212 n.
6. 1 : **2**. 294; **3**. 84.
6. 2 : 166; **2**. 154, 294; **3**. 228.

VII. 6. 3 : **2**. 319; **3**. 77.
6. 4 : **2**. 154.
6. 5 : **2**. 211 n, 324 n.
6. 6 : **2**. 4.
6. 7 : 30 n, 254 ; **2**. 133, 156 n.
7. 1 : 143.
7. 2 : 72.
7. 3 : **2**. 4.
7. 4 : 43.
7. 5 : 42; **2**. 5.
7. 6 : 96; **3**. 254.
7. 7 : 50.
8. 1 : **2**. 14.
8. 2 : 11, 65; **2**. 7, 242.
8. 4 : 13; **2**. 353.
8. 5 : 19.
8. 6 : **2**. 217.
9. 1 : 115, 118; **2**. 16, 229.
9. 2 : 279 n, 294; **2**. 319.
9. 3 : 17, 86; **2**. 14, 17, 64 n.
9. 4 : 68 ; **2**. 60.
9. 5 : 327.
9. 6 : 50, 52 ; **2**. 478.
10. 1 : **2**. 2, 9, 12, 14.
10. 2 : 40, 58; **2**. 2. 12.
10. 3 : **2**. 12.
10. 4 : 303 ; **3**. 95 n, 99, 101.
10. 5 : 58 n.
11. 1 : 30, 40 ; **2**. 293.
11. 2 : 30, 71.
11. 3 : 32, 44, 66.
11. 4 : 112 ; **2**. 293.
11. 5 : 71.
12. 1 : **2**. 4.
VII. 12. 3 : 50; **2**. 10, 273; **3**. 136.
13. 1 : **3**. 69.
13. 2 : **2**. 4, 154, 294.
13. 3 : 14 ; **2**. 505 ; **3**. 289.
15. 1 : 12; **2**. 293.
15. 2 : **2**. 137.
15. 4 : 144.
15. 8 : 32 ; **2**. 15.
15. 9 : 285.
15. 10 : **2**. 217.
15. 11 : **3**. 39.
15. 12 : **3**. 39[2], 98.
15. 15 : 32.
16. 2 : 143.
16. 3 : 71[2].
16. 5 : 39.
16. 6 : 42, 126; **3**. 235.
16. 8 : 325 ; **2**. 11 ; **3**. 188.
16. 12 : 112.
16. 34 : **2**. 294.
17. 6 : 112.
18. : **2**. 364.
18. 1 : **2**. 177, 310.
18. 2 : **2**. 177, 269.
18. 3 : **2**. 176.
18. 4 : 50 ; **2**. 231.
18. 5-20 : **2**. 364.
18. 6 : 53 n ; **2**. 321, 356, 358.
18. 7 : **2**. 215, 300.
18. 8 : **3**. 160 n.
18. 10 : **2**. 398, 475 n.
18. 12 : **2**. 359.
18. 13 : **2**. 140, 354, 359 n, 360.

VII. 18. 14 : **2**. 359, 360.
18. 17 : **2**. 173 [2].
18. 18 : **2**. 363.
18. 19 : **2**. 363, 459 ; **3**. 23.
18. 20 : **2**. 342.
18. 21 : 51.
18. 22 : **2**. 361 [3].
18. 23 : **2**. 361 [2].
18. 24 : **2**. 143 n, 361.
18. 25 : **2**. 343, 361 [3].
19. 1 : **2**. 226.
19. 2 : **2**. 210, 334, 335, 336.
19. 3 : **2**. 198, 305 [2], 351, 353.
19. 4 : **2**. 207, 210, 350.
19. 5 : **2**. 146 n, 202, 203.
19. 6 : **2**. 232, 255, 279, 361.
19. 8 : **2**. 344, 356, 358.
19. 10 : **2**. 170, 196.
19. 11 : **2**. 274, 279.
20. 1 : **2**. 164.
20. 2 : **2**. 197, 361.
20. 3 : **2**. 171.
20. 4 : **2**. 194, 261 n, 262, 262 n.
20. 5 : **2**. 163, 178.
20. 6 : **3**. 244.
20. 7 : **3**. 142 n.
21. 1 : **2**. 164, 247 ; **3**. 61 n.
21. 3 : **2**. 184, 186, 204.
21. 5 : **2**. 217 n [2], 218 ; **3**. 18 n, 244, 268 n.
21. 6 : **2**. 163, 170, 197 ; **3**. 310.
VII. 21. 7 : **2**. 168 ; **3**. 71, 75 [2], 79.
22. 1 : 224.
22. 2 : **2**. 197, 252.
22. 3 : 50.
22. 4 : 281.
22. 5 : **3**. 74 n.
22. 6 : **2**. 228.
22. 7 : **2**. 249, 274, 275.
22. 9 : 293; **2**. 174.
23. 1 : 50.
23. 2 : **2**. 278 n.
23. 3 : **2**. 163, 178, 197, 279, 280.
23. 4 : 259; **2**. 184.
23. 5 : **2**. 168.
23. 6 : 50; **2**. 177, 178.
24. 1 : **2**. 236.
24. 2 : 298; **2**. 232, 267.
24. 3 : **2**. 233.
25. 1 : **2**. 174.
25. 2 : 306; **2**. 174.
25. 3 : 308; **2**. 189, 361.
25. 5 : **2**. 335.
26. 1 : **2**. 24, 267, 269, 271.
26. 2 : **2**. 24, 231.
26. 3 : **2**. 165, 174, 211.
26. 4 : **2**. 168.
26. 5 : 50.
27. 1 : **2**. 177, 177 n, 284.
27. 2 : **2**. 180 n.
27. 3 : **2**. 176.
27. 4 : 127 ; **2**. 169.
27. 5 : **2**. 177, 179, 205 n.
28. 1 : **2**. 228.
28. 2 : **2**. 164.
28. 3 : **2**. 164.

VII. 28. 4 : **3**. 81, 199, 207, 264.
29. 1 : **2**. 169.
29. 3 : **2**. 229.
29. 4 : 293 ; **2**. 174.
29. 7 : **2**. 417.
30. 1 : **2**. 237.
30. 2 : **2**. 177 n.
30. 3 : 30 ; **3**. 84.
31. 6 : **2**. 196.
31. 3 : **2**. 178, 179.
31. 5 : **3**. 204.
31. 6 : **2**. 172.
31. 8 : **2**. 387, 391 [2].
31. 9 : **2**. 391.
31. 11 : **2**. 269 ; **3**. 221.
31. 12 : **2**. 276.
32. 1 : **2**. 228.
32. 2 : 146 ; **2**. 232, 496 n.
32. 3 : **2**. 231.
32. 6 : **2**. 176, 196, 226.
32. 7 : **2**. 172.
32. 8 : **2**. 243.
32. 10 : **2**. 178, 361.
32. 12 : **3**. 181, 203.
32. 13 : 285 ; **2**. 389 n.
32. 14 : **2**. 166.
32. 15 : **2**. 198.
32. 16 : **2**. 133, 176, 180 n.
32. 17 : **2**. 172.
32. 18 : **2**. 230.
32. 19 : **2**. 230.
32. 20 : **2**. 232, 279, 477.
32. 21 : **3**. 185 n.
32. 23 : **2**. 163, 177.
32. 25 : **2**. 174, 236.
32. 26 : **2**. 189, 231.
32. 27 : **2**. 357.
VII. 33. : 114 ; **2**. 92.
33. 1-9 : 50.
33. 1 : 96 ; **2**. 362.
33. 2 : **2**. 229, 255.
33. 3 : **2**. 362, 363.
33. 4 : 96.
33. 5-13 : **2**. 363.
33. 7 : 232, 289, 314 ; **2**. 45, 471.
33. 8 : 27.
33. 9 : 311 ; **2**. 96.
33. 10-13 : **3**. 133.
33. 10-14 : 51.
33. 10 : 10, 46, 47, 57, 170, 188 ; **2**. 394 ; **3**. 139.
33. 11 : 170, 188 ; **2**. 93 [2].
33. 12 : **2**. 93, 96.
33. 13 : **2**. 96, 394.
34. 1 : 278, 285 ; **2**. 283 n.
34. 2 : 238.
34. 3 : **2**. 207.
34. 8 : **3**. 241.
34. 9 : 278.
34. 10 : **3**. 128.
34. 11 : **3**. 129 n.
34. 12 : 306.
34. 15 : **2**. 18.
34. 16 : **2**. 205, 206 ; **3**. 24.
34. 17 : **2**. 205 ; **3**. 24, 25, 252.
34. 19 : 6.
34. 20 : **3**. 46 n, 57.
34. 21 : 321.
34. 22 : 319, 320 ; **2**. 388 ; **3**. 47.
34. 24 : **2**. 371 ; **3**. 140 n.

VII. 35. 1 : **2**. 264 n, 265, 295, 429.
35. 2 : 306 ; **2**. 478, 478 n; **3**. 102 n, 183 n.
35. 4 : 25, 34 n.
35. 6 : **3**. 32, 98, 99.
35. 7 : **2**. 24.
35. 8 : **2**. 125.
35. 9 : **2**. 383 ; **3**. 258.
35. 10 : **3**. 28, 29.
35. 11 : 327.
35. 12 : **2**. 409 n ; **3**. 183 n, 199.
35. 13 : **2**. 18, 37 n, 205 [2], 398 ; **3**. 21, 23, 79 n.
35. 14 : **2**. 142 n, 386.
35. 15 : 67 ; **3**. 255.
36. 1 : **2**. 3 ; **3**. 242.
36. 2 : **3**. 87, 121 n, 165, 181, 198.
36. 4 : **3**. 109 n.
36. 5 : **3**. 213 n, 219, 220, 251.
36. 6 : 260, 326 [2] ; **2**. 146.
36. 7 : 284, 327 ; **2**. 237, 387.
36. 8 : 320, 321 ; **2**. 425, 478.
36. 9 : **2**. 383.
37. 1 : 179 ; **2**. 287, 287 n, 404.
37. 4 : 50 ; **2**. 405 n, 412.
38. 1 : **3**. 39.
38. 2 : **3**. 47 n, 253.
38. 3 : **3**. 56.
38. 4 : **2**. 116, 404 n ; **3**. 57.
VII. 38. 5 : **2**. 133, 205 ; **3**. 24, 57.
38. 6 : **3**. 39.
38. 7 : 147 ; **2**. 203 n, 218 n, 452 n.
38. 8 : 147 ; **3**. 255.
39. 1 : 72, 225 ; **3**. 231.
39. 3 : **2**. 159.
39. 4 : **2**. 431, 478 [2], 478 n.
39. 5 : 119, 327 ; **2**. 37, 388 ; **3**. 104 n.
39. 7 : 50, 279 n.
39. 8 : 23.
40. 2 : **3**. 104.
40. 3 : 327.
40. 4 : **3**. 122, 161 n, 223, 259 [2].
40. 5 : **2**. 296, 419. 436 n.
40. 6 : **2**. 185.
40. 7 : **2**. 295.
40. 8 : **2**. 296.
41. 2 : **3**. 101.
41. 4 : 32.
41. 6 : 138 ; **2**. 15, 505 n.
41. 7 : 245 ; **2**. 12.
42. 1 : 224 ; **2**. 58, 308, 312.
42. 2 : 144.
42. 3 : 321.
42. 5 : 248.
42. 6 : 50.
43. 1 : 7 n.
43. 2 : 70 ; **2**. 9, 259 n.
43. 3 : 71.
43. 4 : **3**. 255.
44. : **2**. 455.
44. 1 : **2**. 432, 455, 455 n.
44. 2 : 324 ; **2**. 455.

VII. 44. 3 : **2**. 455 ; **3**. 120.
44. 4 : **2**. 308, 454 n, 455, 455 n ; **3**. 100.
44. 5 : **3**. 223, 251.
45. 1 : **3**. 51, 55.
45. 2 : **3**. 46, 51.
45. 4 : **3**. 45.
46. : **3**. 153.
46. 1 : **3**. 31 [2].
46. 2 : 117 ; **3**. 153.
46. 3 : 17.
46. 4 : 306 n.
46. 11 : **2**. 236.
47. : 254.
47. 1 : 324 ; **2**. 243.
47. 3 : 164, 254 [2] ; **3**. 221, 247.
47. 4 : **2**. 3.
48. 1 : **2**. 404.
48. 2 : **2**. 198, 404, 406.
48. 3 : **2**. 404, 412.
49. : 254.
49. 1 : 164, 254 [3].
49. 2 : 254, 254 n.
49. 3 : **3**. 129, 266.
49. 4 : **2**. 16, 36, 153 ; **3**. 130.
50. 2 : **3**. 18 n.
50. 3 : 253.
51. 1 : **3**. 161.
51. 3 : **2**. 403 ; **3**. 101.
52. 1 : 117 ; **3**. 100, 161.
52. 2 : **3**. 100, 165, 175.
52. 3 : 135 n.
53. 1 : 119, 237.
53. 2 : 238, 240 ; **3**. 226 n, 254.
53. 3 : **2**. 361.
VII. 54. 2 : 187 ; **2**. 109.
55. 1 : 187 ; **2**. 161 n.
55. 5-8 : 123.
56. 1 : **2**. 369, 388 ; **3**. 34.
56. 2 : **2**. 399.
56. 3 : **2**. 374, 375, 379.
56. 4 : **2**. 397, 399.
56. 6 : **2**. 261 n, 262 n.
56. 8 : **2**. 401.
56. 9 : **2**. 401 ; **3**. 154.
56. 10 : **2**. 400, 401.
56. 11 : **2**. 376.
56. 12 : **3**. 182 n, 199, 222, 252, 266.
56. 13 : 9 ; **2**. 185, 373, 376, 377.
56. 14 : **2**. 385, 400, 401.
56. 15 : **2**. 273 n ; **3**. 182, 188.
56. 16 : **2**. 379, 396.
56. 17 : **2**. 371, 401 ; **3**. 154.
56. 18 : **3**. 186.
56. 19 : 306.
56. 20 : **2**. 379.
56. 22 : **2**. 370, 392.
56. 24 : **2**. 386 ; **3**. 71 n.
57. 1 : **2**. 372, 374, 400 ; **3**. 211 n.
57. 2 : **2**. 386.
57. 3 : **2**. 376 ; **3**. 156.
57. 4 : **2**. 401 ; **3**. 154, 176.
57. 5 : **3**. 199.
57. 6 : 194 ; **2**. 400 ; **3**. 296.
57. 7 : **2**. 236, 371.
58. 1 : **2**. 369, 371, 400.

VII. 58. 2 : **2**. 401; **3**. 37, 154.
58. 4 : **2**. 198 n.
58. 5 : **2**. 401 [2].
58. 5 : **3**. 34.
59. 2 : **2**. 226.
59. 3 : 50; **2**. 369.
59. 4 : **2**. 392.
59. 7 : **2**. 379, 401.
59. 10 : **2**. 385.
59. 11 : **2**. 379.
59. 12 : 74, 328; **3**. 36.
60. 1-4 : **3**. 109.
60. 1 : **3**. 92 n, 167, 199.
60. 2 : 8; **3**. 176, 185.
60. 3 : 8; **2**. 141; **3**. 211 n [2].
50. 5 : **2**. 236; **3**. 101, 198, 258.
60. 6 : **3**. 198, 307.
60. 8 : **2**. 361.
60. 9 : **2**. 361; **3**. 188, 198.
60. 10 : **3**. 110.
60. 11 : **2**. 218 n.
61. 1 : **3**. 117, 168.
61. 2 : **3**. 262, 305.
61. 3 : **3**. 169.
61. 4 : **2**. 226, 502 n; **3**. 213 n, 256.
61. 5 : **3**. 52 n, 193 [2], 264.
62. 1 : 132; **3**. 109.
62. 2 : **2**. 332; **3**. 109, 167.
62. 3 : 279 n; **3**. 259.
62. 4 : **3**. 90, 101 n.
63. 1 : 6, 8, 248 [2]; **2**. 79; **3**. 117, 168, 301.
63. 2 : 8, 155; **2**. 331; **3**. 50 n.
VII. 63. 3 : **2**. 2; **3**. 19. 51, 221, 224, 253.
63. 4 : 7; **2**. 460 n; **3**. 43, 50 n, 312.
63. 5 : 7; **3**. 109.
64. 1 : **3**. 130.
64. 2 : 324; **2**. 185; **3**. 122 [2], 134, 259.
64. 3 : **2**. 219 n, 361.
64. 4 : **3**. 124.
64. 5 : 312.
65. 1 : **3**. 87.
65. 2 : **3**. 87.
65. 3 : **3**. 158, 185, 223, 264 [2].
65. 4 : 324.
66. 2 : **3**. 87, 93.
66. 4 : **3**. 122, 156.
66. 6 : **3**. 108, 198, 258.
66. 8 : 297.
66. 10 : **2**. 293; **3**. 102 n, 258.
66. 11 : **3**. 109, 214.
66. 12 : **3**. 259.
66. 13 : **3**. 264.
66. 14 : **2**. 331 n; **3**. 109.
66. 15 : **2**. 143 n, 331 n; **3**. 109.
66. 16 : **3**. 109, 168.
66. 17 : **3**. 198.
66. 18 : **3**. 199, 212 n.
66. 19 : **3**. 258.
67. 1 : **2**. 439; **3**. 298.
67. 2 : **2**. 14, 432, 439.
67. 3 : **2**. 432.
67. 4 : **2**. 434, 439 n.
67. 5 : **2**. 478 n.
67. 6 : **2**. 460 n.

VII. 67. 7 : **2**. 439; **3**. 208.
67. 8 : **2**. 151, 460 n, 500, 510.
68. 2 : **2**. 439.
68. 3 : **2**. 442, 489.
68. 4 : 281; **2**. 446.
68. 5 : **2**. 470.
68. 6 : **2**. 481.
68. 7 : **3**. 17.
68. 8 : **2**. 474[2], 498; **3**. 7, 9.
68. 9 : **2**. 60, 444.
69. 1 : **2**. 444 n, 502.
69. 2 : **2**. 280 n, 500.
69. 3 : **2**. 439, 489, 502.
69. 4 : **2**. 470 n, 487, 489.
69. 5 : **2**. 432.
69. 6 : 168; **2**. 228 n.
69. 7 : **3**. 13.
70. 1 : **2**. 442 n.
70. 2 : 66; **2**. 332 n, 471.
70. 3 : **2**. 81, 143 n, 501[2].
70. 4 : **2**. 501.
70. 6 : 52 n; **2**. 448 n.
70. 7 : 147.
71. 1 : 248; **2**. 46[2], 432.
71. **2** : 434.
71. 3 : **2**. 431; **3**. 250.
71. 4 : **2**. 431, 438.
71. 5 : **2**. 425, 451, 461, 469, 473, 481.
72. 1 : **2**. 286 n.
72. 2 : 35.
72. 3 : 286; **2**. 12, 107, 278, 432.
72. 4 : **2**. 432.
72. 5 : **2**. 126, 156 n, 500.
72. 8 : 37.
VII. 73. 1 : 248, 293; **2**. 446.
73. 2 : 65; **2**. 439.
73. 3 : 50; **2**. 439; **3**. 298.
73. 4 : **2**. 218 n.
74. 1 : 316 n; **2**. 431, 444 n.
74. 2 : **3**. 295.
74. 3 : **2**. 444.
74. 4 : **2**. 442.
74. 12 : **2**. 296.
75. 1 : 135, 241, 242[2], **3**. 183, 225.
75. 3 : 197, 245, 247; **3**. 225.
75. 4 : 247[2]; **2**. 137, 489.
75. 5 : **2**. 2.
75. 6 : 247.
75. 7 : 246, 317; **3**. 199 n.
76. 1 : 197; **3**. 168.
76. 2 : 244[2]; **2**. 159.
76. 3 : **2**. 2.
76. 4 : 135, 240; **2**. 308; **3**. 232.
76. 5 : **2**. 308; **3**. 221, 254.
76. 6 : 50, 247; **3**. 298.
76. 7 : 50, 286 n; **3**. 296.
77. 1 : 242, 246; **2**. 14; **3**. 43.
77. 2 : 245, 246.
77. 3 : 7; **2**. 2; **3**. 168.
77. 5 : 242.
77. 6 : 50, 298; **2**. 273.
78. 1 : 246, 247.
78. 2 : 242; **3**. 298.
78. 3 : 245; **2**. 2, 14.
78. 4 : 247.

VII. 79. 1 : 247 , **2**. 139, 380.
79. 2 : 245, 246.
79. 3 : 135.
79. 4 : 246; **2**. 15.
80. 1 : 50, 242, 247, 297, 298; **2**. 118, 471 n.
80. 2 : 242, 245, 246, 247; **2**. 2, 14², 213, 332; **3**. 294 n, 301.
81. 2 : 317; **2**. 3.
81. 4 : 247.
81. 6 : **3**. 42.
82. 2 : **2**. 238; **3**. 140, 141.
82. 3 : **2**. 251 n, 363; **3**. 82, 140.
82. 5 : **2**. 390; **3**. 138, 141.
82. 6 : **3**. 113, 141.
82. 7 : **2**. 226; **3**. 202.
82. 8 : **3**. 204.
82. 9 : **2**. 174, 177 n; **3**. 140.
82. 10 : **3**. 95, 104, 258, 293.
83. 1 : **2**. 197 n, 198 n, 209 n, 361, 362 n.
83. 4 : 125; **2**. 362, 363.
83. 5 : **2**. 218 n, 362 n.
83. 6 : **2**. 362³.
83. 7 : 125; **2**. 362³.
83. 8 : **2**. 282 n, 362³.
83. 9 : **2**. 197², 197 n; **3**. 141, 223, 248, 250, 257.
84. 2 : **3**. 140, 142.
84. 4 : **3**. 142.
84. 5 : 297.
VII. 85. 1 : 283, 286; **2**. 12, 217.
85. 3 : 165; **2**. 197, 197 n; **3**. 141.
85. 4 : **3**. 246.
86. 1 : 239.
86. 2 : **3**. 157 n, 158.
86. 4 : **3**. 198.
86. 5 : 50; **3**. 73, 162, 165, 185.
86. 6 : **3**. 176, 177, 264.
86. 7 : **2**. 209.
87. 1 : **3**. 118, 127, 259.
87. 2 : 34; **3**. 212 n.
87. 3 : **3**. 119, 166, 260.
87. 4 : **2**. 74, 76, 77, 135; **3**. 116.
87. 5 : **2**. 121², 152; **3**. 116 n.
87. 6 : 70; **3**. 116 n, 130.
87. 7 : **3**. 156, 222, 263.
88. 1 : 50, 285.
88. 2 : 199, 241; **3**. 131, 133 n.
88. 3 : 46; **3**. 129, 139.
88. 4 : 52; **3**. 129.
88. 6 : **3**. 24, 194.
89. : **3**. 155.
89. 3 : **3**. 176.
89. 5 : **3**. 176², 185, 221, 263.
90. 3 : 27, 250 n.
90. 4 : 134; **2**. 322.
90. 5 : 147; **3**. 201, 305.
90. 6 : 123.
90. 7 : 50.
91. 1 : 67; **2**. 2². 76, 325 n; **3**. 199.

VII. 91. 2 : **3**. 181, 203, 204.
91. 3 : 27.
92. 1 : 171.
92. 4 : **2**. 198 n, 219 n.
93. : **2**. 295, 296.
93. 1 : **2**. 295.
93. 2 : **2**. 297, 405 n.
93. 3 : 147.
93. 4 : **2**. 295[2].
93. 5 : **2**. 295.
93. 7 : **3**. 104, 160, 172, 207.
93. 8 : **2**. 383, 418 n.
94. : **2**. 295.
94. 1 : 282.
94. 4 : 309.
94. 10 : **2**. 495 n.
94. 11 : **2**. 295.
94. 12 : **2**. 217, 218.
95. 1 : 326.
95. 2 : 260, 326, 328 ; **2**. 324 n.
95. 3 : 326; **2**. 47.
95. 4 : 328.
95. 6 : 50, 328 ; **2**. 236 ; **3**. 243.
96. 1 : 50, 254, 326; **3**. 72.
96. 2 : 325, 327 ; **2**. 352, 388.
96. 3 : 51; **2**. 491 n.
96. 6 : **2**. 109 n.
97. 1 : 119; **2**. 233.
97. 3 : 291, 303 n, 307 n.
97. 5 : 293; **2**. 76.
97. 8 : 238.
97. 9 : 303; **2**. 291.
97. 10 : 303; **2**. 133, 291.

VII. 98. 1 : **2**. 246[2], 247.
98. 3 : **2**. 164, 234, 247[2]; **3**. 61 n, 105.
98. 4 : **2**. 172; **3**. 316.
98. 5 : **2**. 174, 195; **3**. 80.
98. 6 : **2**. 161 ; **3**. 168, 203.
98. 7 : **2**. 291.
99. 1 : **2**. 118[2], 124, 501.
99. 2 : **2**. 414.
99. 3 : 67, 239 ; **2**. 414.
99. 4 : **2**. 211 n, 414, 418; **3**. 80.
99. 5 : **2**. 146 n, 342[3], 418[2]; **3**. 68.
99. 6 : **2**. 273, 418.
99. 7 : **2**. 273.
100. 1 : **2**. 226, 417.
100. 2 : 288.
100. 3 : **2**. 415.
100. 4 : 67 ; **2**. 415.
100. 6 : **2**. 416.
101. 1 : 7 n, 172, 289[2]; **3**. 25, 26, 29.
101. 2 : **3**. 29[2].
101. 3 : **2**. 212; **3**. 26, 41.
101. 4 : 178; **2**. 132, 448n; **3**. 28, 29.
101. 5 : **2**. 185; **3**. 27, 157.
101. 6 : **3**. 252.
102. 1 : **3**. 28, 29.
102. 2 : **3**. 25[2], 29.
102. 3 : 324; **3**. 26 n.
102. 5 : **3**. 25.
103. : **3**. 9 n, 232.
103. 1 : 292; **3**. 28.
103. 2 : 292.

VII. 103. 3-6 : 292.
103. 6 : **2**. 397 n.
103. 7 : 205, 292[2]; **3**. 52 n.
103. 8 : 205, 292[3]; **2**. 43, 71 n, 76, 471, 471 n.
103. 9 : 157 n, 292; **2**. 129, 211, 471; **3**. 52 n.
103. 10 : 292; **2**. 397 n.
104. : **2**. 216 n, 218, 265; **3**. 200.
104. 1 : **2**. 217.
104. 2 : **2**. 217.
104. 4 : **2**. 265.
104. 6 : 322 n; **2**. 279.
104. 8 : **3**. 179, 192, 265.
104. 9 : **2**. 206.
VII. 104. 10 : **3**. 181[2].
104. 11 : **2**. 119.
104. 13 : **3**. 192.
104. 14 : **2**. 217; **3**. 181, 266.
104. 15 : **2**. 217; **3**. 192.
104. 16 : **2**. 217.
104. 17 : **2**. 218 n; **3**. 181.
104. 18 : **2**. 217[2], 218 n.
104. 19 : **2**. 251.
104. 20 : **2**. 217; **3**. 197, 203.
104. 21 : **3**. 8 n.
104. 22 : **2**. 217.
104. 23 : **3**. 192.
104. 24 : 8; **3**. 80, 192.

6

MAṆḌALA VIII

VIII. 1. 2 : **2**. 234.
1. 3 : **2**. 228, 274.
1. 4 : vi n[2]; **2**. 228.
1. 5 : **2**. 233 n.
1. 6 : **2**. 231 n[2]; **3**. 11 n.
1. 8 : **2**. 277.
1. 9 : **2**. 171, 285.
1. 10 : **2**. 179.
1. 11 : **2**. 161, 171, 258, 333, 335, 336, 337; **3**. 65.
1. 12 : **2**. 495.
1. 14 : **2**. 196.
1. 15 : **3**. 15.
1. 17 : 149; **2**. 56.
1. 18 : **2**. 233, 274.
1. 19 : 32.
1. 20 : **3**. 204.
1. 21 : 32.
1. 22 : **2**. 219 n.
1. 23 : **2**. 245.
1. 24 : **2**. 171, 280.
1. 25 : **2**. 171.
1. 26 : **2**. 246.
1. 27 : 32; **3**. 249.
1. 28 : **2**. 334.
1. 29 : 32; **2**. 248.
1. 30 : **2**. 301, 498.
1. 31 : **2**. 166, 356[2].
2. 1 : **2**. 245.
2. 2 : 222; **2**. 32; **3**. 8 n.
2. 3 : 149.
VIII. 2. 4 : **2**. 244.
2. 6 : 317; **2**. 232.
2. 7 : **2**. 248.
2. 8 : **2**. 248.
2. 9 : 149.
2. 10 : **2**. 96.
2. 11 : **2**. 96.
2. 12 : 149; **2**. 96[2]; **3**. 298, 298 n.
2. 13 : **2**. 96.
2. 17 : **2**. 96.
2. 18 : **2**. 229, 345.
2. 19 : **2**. 269, 405 n; **3**. 203.
2. 20 : **2**. 269; **3**. 203.
2. 21 : **2**. 162.
2. 22 : **2**. 464.
2. 24 : **2**. 178.
2. 26 : **2**. 196, 228.
2. 27 : **2**. 280.
2. 29 : **2**. 274.
2. 30 : **2**. 274, 286.
2. 32 : **2**. 197.
2. 35 : **2**. 178.
2. 36 : **2**. 197, 277.
2. 37 : **2**. 303.
2. 39 : 318 n.
2. 40 : **2**. 301[2], 302, 463,
3. 1 : **2**. 55, 236.
3. 3 : **2**. 273.
3. 4 : **2**. 237.
3. 6 : **2**. 187, 194.

VIII. 3. 7 : 62 n ; **2**. 323, 391, 409.
3. 8 : 61, 175 ; **2**. 251, 418.
3. 9 : 132 n ; **2**. 321, 497.
3. 10 : **2**. 185.
3. 11 : **2**. 405 n.
3. 12 : 207 n ; **2**. 303, 304^2, 461, 473.
3. 13 : **2**. 228.
3. 14 : **2**. 228 ; **3**. 244.
3. 15 : **2**. 290.
3. 16 : 46, 52, 61 ; **2**. 303, 321, 463.
3. 17 : **2**. 196.
3. 18 : **2**. 40 n, 269.
3. 19 : **2**. 188, 201^2, 216, 222^2, 304 ; **3**. 80.
3. 20 : 166 ; **2**. 95, 187, 188, 195, 206, 243.
3. 22 : **3**. 187.
3. 23 : **3**. 10, 13, 187.
3. 24 : **3**. 187.
4. 1 : **2**. 228, 355, 356, 359 n.
4. 2 : **2**. 287, 300, 303, 304, 461.
4. 3 : **2**. 246^2.
4. 4 : **2**. 195, 250.
4. 5 : **2**. 171.
4. 6 : **2**. 173, 290, 425.
4. 7 : **2**. 172, 176, 358.
4. 8 : **2**. 278 n.
4. 9 : **2**. 178, 179, 460.
4. 10 : **2**. 246^2, 250.
4. 11 : **2**. 196.
4. 12 : **2**. 164, 247.
4. 14 : **2**. 255, 260.
VIII. 4. 15 : **2**. 423, 429 n.
4. 16 : 316 ; **2**. 421, 423.
4. 17 : **2**. 479 n.
4. 19 : **2**. 356.
4. 20 : **2**. 303.
5. 2 : **2**. 280 n, 432.
5. 6 : **2**. 226, 433.
5. 7 : **2**. 442.
5. 8 : **2**. 442, 500.
5. 12 : **3**. 181.
5. 13 : **2**. 286 n, 445 n.
5. 16 : vii n.
5. 18 : **2**. 287.
5. 19 : **2**. 434, 502.
5. 21 : **2**. 433.
5. 22 : **3**. 10, 13, 17^2.
5. 23 : **2**. 464 ; **3**. 180.
5. 25 : **2**. 303 n, 448, 448 n, 449, 464, 469.
5. 26 : **2**. 396, 448, 485 n.
5. 28 : **2**. 432.
5. 31 : **2**. 435.
5. 33 : 186 n ; **2**. 442.
5. 34 : **2**. 280 n, 445 n, 502.
5. 35 : **2**. 446.
5. 36 : **2**. 439.
5. 38 : **2**. 362 n.
6. : **2**. 451.
6. 1 : **2**. 273, 450 ; **3**. 26 n, 27.
6. 2 : **3**. 238.
6. 3 : **2**. 278, 463.
6. 5 : 241 ; **2**. 79.
6. 6 : **2**. 263, 346.
6. 7 : vi n^2, 286.
6. 8 : 285 ; **2**. 75 ; **3**. 245.

VIII. 6. 9 : **2**. 177, 290, 460.
6. 10 : 46; **3**. 244.
6. 11 : 285; **2**. 464.
6. 12 : **2**. 274.
6. 13 : **2**. 199.
6. 14 : **2**. 210, 334.
6. 15 : **2**. 119, 163.
6. 16 : **2**. 186, 219.
6. 17 : **2**. 190, 194, 219.
6. 18 : 132 n; **2**. 321, 322 n.
6. 19 : **2**. 278 n, 397; **3**. 245.
6. 20 : **2**. 278; **3**. 218 n.
6. 21 : **2**. 249, 267, 275.
6. 23 : **2**. 176, 178.
6. 24 : **2**. 324 n.
6. 25 : **2**. 195; **3**. 204.
6. 28 : **2**. 164, 165, 187, 277, 278.
6. 29 : **2**. 164.
6. 30 : **2**. 164, 187.
6. 31 : **2**. 237.
6. 34 : 283.
6. 35 : **2**. 273, 275.
6. 37 : **2**. 196.
6. 38 : **2**. 163.
6. 39 : 86, 87, 176, 206 n, 293; **2**. 325.
6. 40 : **2**. 196, 238.
6. 41 : **2**. 277.
6. 42 : **2**. 171.
6. 43 : 299.
6. 44 : **2**. 173.
6. 45 : **2**. 303.
6. 46 : **2**. 356[2].
6. 47 : **2**. 479 n.
6. 48 : 75 n; **2**. 356, 441 n.

VIII. 7. 1 : 257, 282; **2**. 377.
7. 2 : **2**. 374.
7. 3 : **2**. 374, 375, 387 n[2], 397.
7. 4 : **2**. 372, 374[2], 375.
7. 5 : **2**. 374; **3**. 218 n.
7. 7 : **2**. 376, 387 n.
7. 8 : **2**. 379.
7. 9 : **2**. 403.
7. 10 : 177; **2**. 397.
7. 12 : **2**. 370, 403.
7. 15 : **3**. 198.
7. 16 : **2**. 185, 372.
7. 17 : **2**. 374, 375, 384, 397.
7. 18 : **2**. 464.
7. 20 : **2**. 384.
7. 21 : **2**. 384; **3**. 255.
7. 22 : **2**. 379, 392[2].
7. 23 : **2**. 392[2].
7. 24 : **2**. 329, 390, 396.
7. 25 : 11; **2**. 373.
7. 26 : **2**. 338, 339, 374.
7. 27 : **2**. 378, 380 n.
7. 28 : **2**. 372, 378, 380, 387.
7. 29 : 176; **2**. 383.
7. 30 : **3**. 154.
7. 31 : **2**. 392, 393; **3**. 38, 76.
7. 32 : **2**. 373, 381.
7. 34 : **2**. 374.
7. 36 : 13, **2**. 375, 376, 382.
8. : **2**. 486 n.
8. 2 : **2**. 432.
8. 3 : **2**. 324 n, 501.
8. 4 : **2**. 463, 501.

VIII. 8. 5 : **2**. 236.
8. 6 : **2**. 437 n.
8. 7 : **2**. 451, 501.
8. 8 : **2**. 228 n, 273, 450, 450 n, 463.
8. 9 : **2**. 197 n.
8. 10 : **2**. 488.
8. 11 : **2**. 339, 339 n, 433, 450.
8. 14 : **2**. 433.
8. 15 : **2**. 273, 450.
8. 16 : **2**. 433.
8. 18 : **2**. 303 n, 448 n, 509.
8. 19 : **2**. 273, 450.
8. 20 : 207 ; **2**. 301 n[2], 463, 464.
8. 21 : **2**. 305 n, 449 n.
8. 22 : **2**. 197 n, 273, 435, 474 n.
8. 23 : **2**. 501 ; **3**. 250.
9. 2 : **2**. 139, 500.
9. 4 : **2**. 197 n, 435, 471.
9. 5 : **2**. 501.
9. 6 : **2**. 436, 450.
9. 7 : 49[2]; **2**. 471.
9. 9 : **2**. 279 n, 445.
9. 10 : **2**. 300 n, 303 n, 453, 466, 480.
9. 12 : **2**. 403; **3**. 100.
9. 13 : **2**. 435.
9. 14 : **2**. 356.
9. 15 : **2**. 436, 450, 484.
9. 16 : 286; **2**. 447, 490; **3**. 298.
9. 17 : 286; **2**. 447.
9. 18 : **2**. 2.
9. 19 : 155.
VIII. 9. 21 : **2**. 101, 501.
10. 1 : **2**. 501.
10. 2 : **2**. 418, 433.
10. 4 : **2**. 509.
10. 5 : **2**. 354, 355, 356, 501.
10. 6 : **2**. 501.
11. 1 : **3**. 228.
11. 2 : 66, 144.
11. 3 : **2**. 219.
11. 4 : **2**. 227; **3**. 176.
11. 5 : 19, 20.
11. 7 : 30; **2**. 450, 451.
11. 8 : 19.
11. 10 : 44.
12. 1 : **2**. 252, 253.
12. 2 : 207 n ; **2**. 145, 148, 186, 252, 253, 300, 310.
12. 3 : **2**. 252, 253 ; **3**. 223, 248.
12. 4 : **2**. 237, 274, 275[2].
12. 5 : **2**. 237, 275.
12. 6 : **2**. 185 n, 237.
12. 7 : **2**. 2, 161, 162, 194, 237.
12. 8 : **2**. 237, 242.
12. 9 : **2**. 161, 188, 190, 237.
12. 13 : 61; **2**. 287 ; **3**. 245.
12. 14 : **2**. 247 ; **3**. 96, 107, 245.
12. 15 : **2**. 259 ; **3**. 245, 247 n.
12. 16 : 175; **2**. 234, 326, 328, 329, 391, 418.

VIII. 12. 17 : **2**. 234[2].
12. 18 : **2**. 236, 236 n.
12. 19 : **2**. 161 n.
12. 20 : **2**. 236, 242, 250, 286 n.
12. 22 : **2**. 199, 235, 274; **3**. 77.
12. 23 : **2**. 274.
12. 24 : **2**. 163.
12. 25 : **2**. 235.
12. 26 : **2**. 200, 203.
12. 27 : **2**. 416.
12. 29 : **2**. 392; **3**. 38.
12. 30 : **2**. 187.
12. 31 : **2**. 278 n.
12. 32 : **3**. 212 n.
12. 33 : **2**. 177.
13. 1 : **2**. 250.
13. 2 : **2**. 186.
13. 3 : **2**. 236.
13. 6 : vii n.
13. 7 : **2**. 237, 250.
13. 14 : **2**. 55.
13. 15 : **2**. 196, 234.
13. 16 : **2**. 250, 267, 273, 275.
13. 17 : vii n; **2**. 237, 291.
13. 18 : **2**. 234, 240, 273, 274.
13. 19 : **3**. 246.
13. 20 : **3**. 213 n, 219, 251.
13. 22 : **2**. 177.
13. 24 : **2**. 291.
13. 25 : **2**. 231, 273, 291.
13. 26 : **2**. 280 n; 284; **3**. 245.
VIII. 13. 28 : **2**. 370, 391.
13. 31 : **2**. 169.
13. 32 : **2**. 169.
13. 33 : **2**. 169.
14. 1 : **2**. 230.
14. 2 : **2**. 230.
14. 3 : **2**. 179; **3**. 295, 296.
14. 5 : **2**. 236, 238.
14. 6 : **2**. 172, 238.
14. 7 : **2**. 252, 311, 321.
14. 8 : **2**. 311, 321.
14. 10 : 282.
14. 11 : **2**. 236, 273[2].
14. 13 : **2**. 346, 347.
14. 14 : **2**. 210; **3**. 80.
15. 3 : **2**. 197.
15. 4 : **2**. 251.
15. 5 : 60, 68; **2**. 187.
15. 6 : **2**. 186, 200 n.
15. 7 : **2**. 251, 253.
15. 8 : **2**. 238 n.
15. 9 : **2**. 273, 391, 419[2].
15. 10 : **2**. 168.
15. 11 : **2**. 197.
15. 12 : **2**. 188[2], 189, 240.
15. 13 : **2**. 161, 161 n, 251.
15. 18 : **2**. 196.
16. 2 : 282.
16. 5 : **2**. 173[2].
16. 7 : **2**. 277[2].
16. 8 : **3**. 182 n.
16. 10 : **2**. 189.
17. 2 : **2**. 280.
17. 5 : **2**. 245, 262.
17. 8 : **2**. 197, 252.

VIII. 17. 9 : **2**. 197, 198.
17. 14 : **2**. 266.
17. 15 : **2**. 178, 260.
18. 1 : **3**. 109, 217.
18. 2 : **3**. 181, 197.
18. 3 : **3**. 39, 99.
18. 5 : **3**. 101, 161 n.
18. 6 : **3**. 161 n, 199.
18. 7 : **3**. 95.
18. 8 : **2**. 436.
18. 9 : 19, 24.
18. 12 : **3**. 157, 162, 190.
18. 13 : **2**. 217, 218 n.
18. 15 : **3**. 179, 186, 190.
18. 16 : 257.
18. 17 : **3**. 108.
18. 19 : 35; **3**. 157.
18. 22 : 69.
19. : **2**. 486 n.
19. 1 : 112, 207.
19. 2 : **2**. 486 n.
19. 5 : **3**. 171.
19. 6 : **3**. 79, 171.
19. 8 : 144.
19. 14 : **3**. 91, 213 n, 235.
19. 16 : 14; **2**. 431.
19. 17 : 102.
19. 18 : 102; **2**. 405 n.
19. 20 : **2**. 294.
19. 21 : 65, 112.
19. 23 : **3**. 87 n.
19. 24 : 65; **2**. 293.
19. 25 : **2**. 230.
19. 26 : **2**. 230.
19. 27 : 12.
19. 31 : 155; **2**. 14, 15.
19. 32 : **2**. 305, 486 n.
VIII. 19. 33 : vi n, vii n, 19, 20; **2**. 286 n.
19. 34 : **3**. 199.
19. 35 : **3**. 263.
19. 36 : **2**. 219 n, 305[2].
19. 37 : **2**. 461 n.
20. : **2**. 196.
20. 1 : **2**. 369, 374.
20. 2 : **2**. 370, 403, 486 n.
20. 3 : **2**. 370, 383, 419.
20. 4 : 240; **2**. 373, 374 n.
20. 5 : **2**. 374.
20. 6 : **2**. 374.
20. 8 : 299; **2**. 397, 434 n, 492 n.
20. 11 : **2**. 373, 376.
20. 12 : **2**. 369, 373.
20. 13 : **2**. 369, 384.
20. 14 : **2**. 94.
20. 17 : **2**. 233; **3**. 34[2], 215.
20. 20 : **2**. 392.
20. 21 : 321; **2**. 369, 385, 399 n.
20. 22 : **2**. 385.
20. 23 : **2**. 401; **3**. 37.
20. 24 : **2**. 401, 441.
20. 25 : **2**. 401; **3**. 37.
20. 26 : **2**. 401; **3**. 37.
21. : **2**. 463.
21. 3 : **2**. 177.
21. 4 : **2**. 161; **3**. 211 n.
21. 5 : 146.
21. 8 : **2**. 178.
21. 10 : **2**. 178.
21. 11 : **2**. 178.
21. 12 : **2**. 178, 198.
21. 15 : **2**. 485.

VIII. 21. 16 : **2**. 178; **3**. 203.
21. 17 : 328.
21. 18 : 325; **3**. 27.
22. 1 : **2**. 487; **3**. 38 n.
22. 2 : **2**. 486 n; **3**. 12 n.
22. 4 : **2**. 444 n, 502.
22. 5 : **2**. 432, 500.
22. 6 : 68 ; **2**. 325 n, 448 n ; **3**. 8.
22. 7 : **2**. 305 n, 498; **3**. 223, 250.
22. 9 : **2**. 434 n, 492 n.
22. 10 : **2**. 300 n, 436, 450.
22. 12 : **2**. 441.
22. 14 : **2**. 436 n, 500; **3**. 38 n, 208.
22. 15 : **2**. 485 n.
22. 17 : **2**. 439 n.
22. 18 : **2**. 218 n.
23. 8 : **3**. 235.
23. 9 : **3**. 230, 232.
23. 10 : 47.
23. 11 : 144.
23. 13 : 68; **2**. 217.
23. 14 : **2**. 217.
23. 15 : **3**. 80[1]. 189.
23. 16 : **2**. 453.
23. 17 : 67; **2**. 338, 339.
23. 18 : 101, 112.
23. 19 : **3**. 287.
23. 22 : 140; **2**. 9.
23. 23 : 44; **2**. 453.
23. 24 : 44; **2**. 453.
23. 25 : **2**. 6.
24. 2 : **2**. 169, 170, 196.
24. 5 : **2**. 178.
24. 6 : 309; **2**. 278.
VIII. 24. 7 : **2**. 196.
24. 8 : **2**. 196.
24. 9 : **2**. 170.
24. 15 : **2**. 170.
24. 17 : **2**. 171.
24. 18 : **2**. 236.
24. 20 : 284; **2**. 220.
24. 21 : 127; **2**. 169.
24. 22 : 89 n.
24. 22 : **2**. 168, 218 n, 453.
24. 23 : **2**. 453.
24. 25 : **2**. 335.
24. 27 : **2**. 134, 209.
24. 28 : **2**. 453.
24. 29 : 127; **2**. 453.
24. 30 : **2**. 320 n.
25. 2 : **2**. 116; **3**. 256.
25. 3 : **3**. 87, 101.
25. 4 : **3**. 87, 260.
25. 5 : **3**. 93.
25. 6 : **2**. 133, 185.
25. 7 : **3**. 166, 260.
25. 8 : **3**. 134, 141 n, 256, 261.
25. 9 : **3**. 168.
25. 10 : **2**. 431.
25. 14 : **2**. 418 n.
25. 16 : **3**. 222, 263.
25. 17 : **3**. 222[2], 263.
25. 19 : 13, 115.
25. 20 : 297.
26. 4 : **2**. 287.
26. 5 : **2**. 436 n; **3**. 38 n, 208 n.
26. 6 : **2**. 443.
26. 8 : **2**. 495.
26. 9 : **2**. 453.

VIII. 26. 11 : **2**. 453.
26. 13 : **2**. 231 n, 446 n, 509.
26. 15 : **3**. 208 n.
26. 16 : 290; **2**. 287.
26. 17 : 255; **2**. 501.
26. 18 : 258; **2**. 287, 433.
26. 19 : **2**. 446, 490.
26. 21 : **3**. 50 n, 251.
26. 22 : **3**. 50 n.
26. 24 : 267.
26. 25 : 26.
27. 1 : **2**. 383.
27. 2 : 248 n.
27. 3 : **3**. 256.
27. 4 : 67; **2**. 325 n.
27. 5 : **3**. 96.
27. 6 : 71.
27. 7 : 66.
27. 8 : **2**. 196, 429 n.
27. 9 : **3**. 199.
27. 10 : 35.
27. 13 : 278.
27. 14 : 69; **2**. 325 n.
27. 15 : **3**. 188, 199, 213 n, 263.
27. 16 : **3**. 223, 256.
27. 19 : **3**. 108 n, 220 n, 259.
27. 20 : **3**. 87, 100, 222, 263.
27. 21 : 68; **2**. 325 n.
27. 22 : **3**. 108.
27. 25 : 171.
28. 1 : **2**. 146 n.
28. 2 : **3**. 98.
28. 4 : **2**. 233; **3**. 215.
28. 5 : **2**. 142 n; **3**. 98.
VIII. 29. : **2**. 196.
29. 2 : 112.
29. 3 : **3**. 45 n.
29. 4 : **3**. 141.
29. 5 : **3**. 32[2].
29. 6 : **2**. 422.
29. 7 : **2**. 416.
29. 8 : **2**. 489.
29. 9 : **3**. 141.
29. 10 : 132 n; **2**. 382, 392.
30. 2 : 67; **2**. 146 n.
30. 3 : 67 n.
30. 4 : **2**. 153 n.
31. : **2**. 463.
31. 1 : **2**. 243.
31. 4 : 325.
31. 9 : 194 n.
31. 11 : **2**. 428.
31. 12 : 321.
31. 13 : **3**. 223, 263.
31. 15 : **3**. 315.
32. 1 : 150; **2**. 251.
32. 2 : **2**. 210, 220[2], 348[2].
32. 3 : **2**. 222.
32. 5 : **2**. 76 n, 180, 195.
32. 9 : 324; **2**. 177, 179, 460.
32. 11 : **2**. 196.
32. 13 : **2**. 232 n.
32. 14 : **2**. 171.
32. 15 : **2**. 229.
32. 16 : **2**. 229; **3**. 164.
32. 18 : **2**. 236, 236 n.
32. 20 : 175; **3**. 10, 15.
32. 21 : **2**. 228; **3**. 201.
32. 22 : **2**. 150, 278 n.

VIII. 32. 23 : 282; **2**. 161, 279.
32. 25 : **2**. 83 n[2], 186, 195, 320.
32. 26 : **2**. 199, 222, 223.
32. 27 : 293; **2**. 169, 386.
32. 28 : **3**. 249.
32. 29 : **2**. 160.
32. 30 : **2**. 303.
33. : **2**. 196.
33. 1 : **2**. 196.
33. 2 : **2**. 246.
33. 3 : **2**. 240, 463.
33. 4 : 150; **2**. 262, 262 n, 301, 302.
33. 5 : **2**. 168.
33. 6 : **3**. 306.
33. 7 : **2**. 252.
33. 10 : **2**. 169.
33. 11 : **2**. 169.
33. 12 : **2**. 32, 169.
33. 14 : **2**. 196, 218 n, 228.
33. 15 : **2**. 228.
33. 18 : 210.
33. 19 : **2**. 109 n.
34. 1 : **2**. 464 n.
34. 2 : 281.
34. 3 : **3**. 7[2].
34. 6 : **2**. 477, 478.
34. 8 : 65.
34. 9 : **2**. 171.
34. 10 : **2**. 228.
34. 13 : **2**. 233.
34. 14 : **2**. 177, 180, 195.
34. 17 : 27.
35. 1 : **2**. 432, 439; **3**. 99.
35. 2 : 278.
VIII. 35. 3 : 54; **2**. 146 n, 371[2].
35. 5 : **2**. 268 n, 445.
35. 7 : **2**. 443, 443 n, 500.
35. 8 : **2**. 443, 443 n.
35. 9 : **2**. 443.
35. 12 : **2**. 435; **3**. 166 n.
35. 13 : **3**. 250.
35. 14 : **2**. 308.
35. 16 : **2**. 218 n, 435.
35. 19 : **2**. 303 n, 452, 469.
36. 1 : **2**. 186, 390.
36. 4 : **2**. 162.
36. 5 : **2**. 177.
36. 6 : **2**. 469.
36. 7 : **2**. 237, 303 n, 305, 452, 453 n, 468.
37. 1 : **2**. 196, 290.
37. 2 : **2**. 171; **3**. 202.
37. 3 : **2**. 163.
37. 7 : **2**. 237, 303 n, 452, 453 n.
38. : **2**. 295.
38. 1 : **2**. 296.
38. 2 : **2**. 295[2], 297.
38. 4 : **2**. 295.
38. 5 : 320.
38. 7 : **2**. 444, 498.
38. 8 : **2**. 303 n, 452, 469, 498.
38. 10 : 328; **2**. 296, 491.
39. : **2**. 251.
39. 1 : 72[2]; **3**. 286.
39. 2 : 306; **2**. 218 n.
39. 3 : 55, 72, 87, 284; **2**. 9 n.

VIII. 39. 5 : 129.
39. 6 : 40, 118; **3**. 169.
39. 8 : 120; **2**. 17, 140, 150, 152, 294, 450.
39. 9 : 120; **2**. 146 n.
39. 10 : 62, 118.
40. : **2**. 251, 295.
40. 1 : 26.
40. 4 : **2**. 295.
40. 5 : **2**. 66, 140.
40. 6 : 320; **2**. 208; **3**. 203.
40. 8 : **3**. 222, 247.
40. 10 : **2**. 275, 276, 334.
40. 11 : **2**. 275, 334; **3**. 182 n.
40. 12 : 48 n; **2**. 450.
41. 1 : **3**. 166.
41. 2 : 293; **2**. 152; **3**. 129.
41. 3 : 314; **2**. 178 n; **3**. 81, 119, 222, 257.
41. 5 : **2**. 74; **3**. 116, 132.
41. 6 : **2**. 329; **3**. 132, 133.
41. 7 : **3**. 130, 211 n, 212 n, 222, 258.
41. 8 : 114; **3**. 81, 116, 133, 128, 130, 208 n.
41. 9 : **2**. 122, 122 n; **3**. 22, 116.
41. 10 : **2**. 128; **3**. 21, 119, 213 n, 222, 261.

VIII. 42. 1 : **3**. 87, 257.
42. 2 : 195.
42. 3 : **3**. 132.
42. 4 : 281; **2**. 445.
42. 5 : **2**. 469.
43. 4 : 16 n, 26, 71.
43. 7 : **2**. 20, 63², 64.
43. 9 : 17, 44; **2**. 17, 63, 64 n.
43. 10 : 71; **2**. 9.
43. 11 : 267.
43. 13 : 44, 48, 53, 54, 66.
43. 14 : 46; **3**. 187 n.
43. 16 : **3**. 228.
43. 17 : **2**. 10.
43. 18 : 47.
43. 21 : 19.
43. 22 : **2**. 8.
43. 24 : **3**. 223, 227.
43. 25 : 143.
43. 26 : **2**. 217.
43. 27 : 47, 66.
43. 28 : 28; **2**. 17.
43. 32 : 13.
43. 33 : **2**. 212.
44. 2 : **2**. 10.
44. 3 : 71.
44. 5 : **2**. 9.
44. 7 : 44.
44. 8 : 47.
44. 10 : **3**. 180 n, 187.
44. 12 : **2**. 10, 242.
44. 15 : 43.
44. 16 : 21 n; **2**. 81.
44. 19 : **2**. 10.
44. 20 : 43; **3**. 197.
44. 21 : **3**. 228.

VIII. 44. 22 : **2**. 10.
44. 23 : **2**. 230.
44. 25 : **2**. 10 ; **3**. 228.
44. 27 : 144.
44. 28 : **3**. 170.
44. 29 : 16.
45. 3 : **2**. 173.
45. 4 : **2**. 164, 207, 219 ; **3**. 61 n, 105.
45. 5 : **3**. 105.
45. 7 : **2**. 171.
45. 9 : **2**. 173 ; **3**. 203.
45. 10 : **2**. 177.
45. 11 : **2**. 177.
45. 12 : **2**. 179 ; **3**. 295, 296.
45. 13 : **2**. 172, 180 n.
45. 14 : **2**. 441.
45. 15 : **2**. 226, 227.
45. 19 : **2**. 177.
45. 20 : **2**. 231 n, 497 n.
45. 21 : **2**. 171, 180 n.
45. 24 : **2**. 246[2].
45. 25 : **2**. 174, 196.
45. 26 : **2**. 250.
45. 27 : **2**. 357.
45. 28 : **2**. 178, 180.
45. 29 : **2**. 180 n, 412, 497 ; **3**. 15.
45. 30 : **2**. 180, 304, 475.
45. 31 : **3**. 206, 316.
45. 33 : **3**. 206.
45. 38 : **2**. 175.
45. 39 : **2**. 280.
45. 40 : **2**. 172.
45. 41 : **2**. 172.
46. 2 : **3**. 182 n.
46. 4 : **3**. 199.

VIII. 46. 8 : **2**. 188, 251, 266, 310.
46. 9 : **2**. 177.
46. 13 : **2**. 196.
46. 14 : 297 ; **2**. 241 ; **3**. 306.
46. 15 : **2**. 111 n, 165.
46. 17 : **2**. 385, 386, 391, 392 ; **3**. 316.
46. 18 : **2**. 384, 386, 391.
46. 20 : **3**. 12 n, 296.
46. 21 : **2**. 301.
46. 23 : **3**. 7 n.
46. 27 : **2**. 324 n.
46. 28 : 27 ; **2**. 465.
46. 33 : **2**. 301.
47. 1 : **3**. 188.
47. 2 : **3**. 108.
47. 3 : **3**. 108.
47. 5 : **3**. 104.
47. 6 : **3**. 188.
47. 8 : **3**. 108.
47. 9 : **3**. 101, 161 n.
47. 11 : **3**. 166.
47. 12 : **2**. 218 n.
47. 13 : **2**. 206, 326[2], 327.
47. 14 : **2**. 206, 326[2], 327.
47. 15 : **2**. 206, 326[2], 327.
47. 16 : **2**. 206, 326, 327[2].
47. 17 : **2**. 206, 326, 327 ; **3**. 164.
47. 18 : 242.
48. : 152.
48. 1 : 149, 210.
48. 2 : **2**. 263 ; **3**. 79, 91, 174.
48. 3 : 192 ; **3**. 189.

VIII. 48. 5 : **2**. 181, 498.
48. 6 : 150.
48. 7 : 6, 224; **2**. 498.
48. 8 : 153, 224; **3**. 174, 239.
48. 9 : 153; **3**. 221, 239.
48. 10 : **3**. 174.
48. 11 : **3**. 287.
48. 12 : 153; **3**. 174.
48. 13 : 193.
48. 15 : 153.
48. 27 : **2**. 181.
48. 28 : **2**. 181.
49. 1 : 19, 40.
49. 2 : 47; **2**. 9.
49. 4 : **3**. 180 n, 187.
49. 5 : **3**. 216, 229.
49. 7 : 11; **3**. 189.
49. 8 : **2**. 217[2]; **3**. 189.
49. 10 : 12; **2**. 217, 218 n, 236; **3**. 189.
49. 12 : **2**. 236.
49. 13 : 142.
49. 15 : 101; **2**. 7.
49. 16 : 139; **2**. 148.
49. 19 : 30, 42, 141 n; **2**. 217, 505.
49. 20 : **2**. 216 n, 217.
50. 1 : **2**. 24, 267.
50. 2 : 241; **2**. 162, 244.
50. 3 : **2**. 171, 245.
50. 4 : **2**. 233; **3**. 215, 307.
50. 6 : **2**. 160, 178, 473.
50. 7 : **2**. 177.
50. 12 : **3**. 202, 203.
50. 15 : **2**. 196; **3**. 203.
50. 16 : **3**. 207.
VIII. 50. 18 : **2**. 172, 261 n, 262[2], 262 n[2].
51. 1 : **2**. 274.
51. 3 : **2**. 174.
51. 4 : **2**. 274.
51. 6 : **2**. 263.
51. 7 : **3**. 76.
51. 8 : **2**. 197.
51. 10 : **2**. 236, 237.
51. 11 : **2**. 172, 196, 240.
51. 12 : **3**. 266.
52. 1 : 67, 68; **2**. 40 n, 269.
52. 2 : 267.
52. 3 : **2**. 311.
52. 4 : 312; **2**. 236, 236 n.
52. 5 : **2**. 177.
52. 6 : **2**. 174.
52. 7 : 6 n; **2**. 137, 235.
52. 8 : **2**. 187.
52. 10 : **2**. 236; **3**. 93.
52. 11 : **2**. 172; **3**. 212 n, 217, 244.
52. 12 : **2**. 196, 390, 479.
53. 1 : 312; **2**. 275.
53. 2 : **2**. 319 n.
53. 4 : **2**. 161.
53. 5 : **2**. 298.
53. 7 : **2**. 228.
53. 8 : **2**. 228.
53. 9 : **2**. 228.
53. 10 : **2**. 249, 353.
53. 11 : 176; **2**. 249.
54. 1 : 175; **2**. 228, 235, 355.
54. 2 : 175, 207; **2**. 233.
54. 3 : **2**. 231.
54. 9 : 6 n; **2**. 228.

VIII. 54. 12 : 75 n.
55. 3 : **2**. 180[2], 201, 208.
55. 4 : **2**. 497 n; **3**. 215, 307.
55. 5 : **2**. 312 n.
55. 7 : **3**. 7.
55. 8 : 299; **3**. 7[2].
55. 9 : **2**. 196.
55. 10 : **2**. 196, 319 n; **3**. 310.
55. 11 : 312.
55. 12 : **2**. 228.
55. 13 : **3**. 204.
55. 15 : **2**. 482.
56. 3 : **2**. 395.
56. 5 : **2**. 395.
56. 6 : **2**. 395.
56. 7 : **3**. 188.
56. 8 : **3**. 104, 207.
56. 9 : **3**. 188.
56. 11 : **3**. 101, 161 n.
56. 12 : **3**. 161 n.
56. 13 : **3**. 198, 223, 257.
56. 14 : **3**. 161.
56. 17 : **3**. 157.
56. 18 : **3**. 161.
56. 20 : 88.
57. 1 : **2**. 232, 279.
57. 2 : **3**. 95 n.
57. 9 : **2**. 189.
57. 10 : **3**. 82.
57. 12 : **2**. 177 n.
57. 13 : **2**. 177 n.
57. 16 : **2**. 344.
57. 17 : **2**. 344.
58. 1 : **2**. 477[2].
58. 2 : **2**. 50.
VIII. 58. 3 : 207; **2**. 58, 120, 397.
58. 4 : **3**. 183 n, 203.
58. 5 : **2**. 55.
58. 6 : 155; **2**. 58, 248, 382.
58. 7 : 193; **2**. 135, 240.
58. 8 : **2**. 303.
58. 10 : **2**. 88 n.
58. 11 : **3**. 130.
58. 12 : **2**. 151; **3**. 128[2].
58. 14 : **2**. 164, 242, 243.
58. 15 : **2**. 164, 243.
58. 16 : **2**. 240.
58. 18 : **2**. 303.
59. 1 : **2**. 171[2], 196[2].
59. 2 : **2**. 188.
59. 3 : **2**. 412 n.
59. 4 : **2**. 165, 171, 183, 278.
59. 5 : **2**. 163.
59. 6 : **2**. 177.
59. 7 : **2**. 216, 332.
59. 10 : **2**. 208, 216; **3**. 248.
59. 11 : **2**. 208, 210, 214, 215, 216; **3**. 246.
59. 13 : **2**. 475.
60. 11 : 12.
60. 15 : **2**. 10 n.
61. 1 : 42.
61. 2 : 65, 167.
61. 3 : **2**. 79 n; **3**. 36.
61. 4 : **2**. 278 n.
61. 5 : 142; **2**. 51.
61. 7 : **2**. 125, 148.
61. 8 : 87; **2**. 30, 325.
61. 10 : **2**. 505 n.

VIII. 61. 11 : 51 n.
61. 13 : 320; **2**. 38.
61. 14 : **2**. 25 n, 51.
61. 16 : 201; **2**. 123, 140, 141, 143 n.
61. 17 : 152; **2**. 498.
62. 1 : **3**. 250.
62. 2 : **2**. 442 n.
62. 3 : **2**. 470.
62. 4 : **2**. 443.
62. 7 : **2**. 470.
62. 12 : 35; **2**. 506.
62. 16 : **2**. 432, 440; **3**. 225.
62. 17 : **2**. 440.
62. 18 : **2**. 440.
63. 1 : 19 n.
63. 3 : 71.
63. 4 : **2**. 294, 304, 360.
63. 9 : **2**. 294.
63. 11 : 47.
63. 12 : **2**. 294.
63. 13 : **2**. 304.
63. 14 : **3**. 10, 13.
63. 15 : 254.
64. 1 : **2**. 284 n.
64. 3 : **3**. 230.
64. 5 : 47; **2**. 279 n, 410.
64. 8 : 246, 316 n.
64. 13 : **2**. 237.
64. 14 : **2**. 236.
64. 15 : 30.
65. : **2**. 391.
65. 1 : **3**. 83.
65. 2 : **2**. 346, 391.
65. 3 : **2**. 199, 391.
65. 4 : **2**. 188, 390.
VIII. 65. 9 : **2**. 251, 253.
65. 11 : **2**. 209.
65. 12 : **3**. 245.
66. 1-4 : **3**. 61.
66. 1 : **2**. 164[2], 210, 219, 222, 247; **3**. 105.
66. 2 : **2**. 210, 219, 222, 223; **3**. 105.
66. 3 : **2**. 207, 208, 209, 210, 219.
66. 4 : **2**. 164, 247.
66. 5 : **2**. 236, 298; **3**. 61, 66.
66. 6 : **2**. 242, 243.
66. 7 : **2**. 263[2].
66. 8 : **2**. 164, 410.
66. 10 : **2**. 243, 419.
66. 11 : **2**. 171.
67. 1 : **2**. 177.
67. 2 : **2**. 177.
67. 4 : **2**. 236, 361.
67. 5 : **2**. 170.
67. 6 : **3**. 203.
67. 7 : **2**. 196, 250; **3**. 304, 306.
67. 9 : **2**. 177, 179[2].
68. 1 : 185, 218.
68. 2 : 152; **2**. 498.
68. 3 : **3**. 173.
68. 4 : 185.
68. 6 : 152; **2**. 428, 498; **3**. 239.
68. 7 : **3**. 174.
68. 8 : 152; **3**. 174.
68. 9 : **3**. 79, 174.
69. 1 : **3**. 204.
69. 4 : **2**. 173[2].
69. 5 : **2**. 173.

VIII. 69. 6 : **2**. 173.
69. 7 : **2**. 268.
69. 9 : **2**. 124, 162.
70. 8 : **2**. 240.
70. 9 : **3**. 298.
71. 5 : 149.
71. 6 : 149 ; **2**. 55.
71. 7 : 149.
71. 8 : 158.
71. 9 : **2**. 248.
72. 2 : **2**. 236.
72. 3 : **3**. 259.
72. 7 : 35.
72. 8 : 35.
73. 1 : 144.
73. 2 : 112.
73. 3 : 136 n.
73. 4 : 47.
73. 8 : 143.
74. 3 : **2**. 461.
74. 4 : **2**. 461.
74. 5 : **3**. 181.
74. 7 : **2**. 504.
74. 8 : **2**. 501 n.
75. 1 : **2**. 436, 462 n.
75. 2 : 293, 297 ; **2**. 446, 462 n.
75. 3 : **2**. 462, 462 n.
75. 5 : **3**. 253.
76. 1 : 282 ; **2**. 439, 443 n.
76. 2 : 66 ; **2**. 471.
76. 3 : **2**. 303 n, 448 n.
76. 4 : **2**. 273.
77. 1 : **2**. 278.
77. 2 : **2**. 180.
77. 4 : 293 ; **2**. 171, 302 ; **3**. 310.
77. 5 : **2**. 118, 163.

VIII. 78. 1 : **2**. 290, 391 ; **3**. 245.
78. 2 : **2**. 391.
78. 3 : **2**. 197, 198, 203, 391 ; **3**. 299.
78. 4 : 260 ; **2**. 188, 200.
78. 5 : **2**. 162, 164, 194, 196, 234, 267 ; **3**. 61 n.
78. 6 : **2**. 164, 234, 267.
78. 7 : **2**. 83 n [2], 187, 195, 471, 472 n.
79. 1 : **2**. 172, 196.
79. 2 : **3**. 182 n.
79. 3 : **2**. 280.
79. 4 : **2**. 197, 241 n ; **3**. 182 n.
79. 5 : **2**. 197.
79. 6 : **3**. 74.
80. 1 : **2**. 34, 249, 492.
80. 2 : **2**. 242.
80. 3 : **3**. 288.
81. 5 : **2**. 250.
81. 6 : **2**. 250, 263.
81. 11 : **2**. 178.
81. 14 : **2**. 164.
81. 15 : **2**. 477, 478.
81. 17 : **2**. 251, 266.
81. 20 : **2**. 123, 132, 235.
81. 21 : **2**. 234, 249.
81. 22 : 154 ; **2**. 245 [2].
81. 23 : **2**. 245.
81. 24 : **2**. 244 ; **3**. 211 n.
81. 25 : **3**. 211 n.
81. 30 : **2**. 55.
81. 31 : **2**. 172.
81. 32 : **2**. 239.
82. 1 : **2**. 171, 188.

VIII. 82. 2 : **2**. 146 n, 188, 202, 203, 206.
82. 3 : **2**. 179[2], 231.
82. 4 : **2**. 188, 196.
82. 5 : **2**. 164.
82. 6 : **2**. 244.
82. 7 : **2**. 198, 236, 237[2], 238, 239.
82. 9 : **2**. 161, 237, 274.
82. 11 : **3**. 76.
82. 12 : **2**. 170.
82. 13 : **2**. 83 n, 195, 221, 365.
82. 14 : **2**. 204, 220; **3**. 76.
82. 17 : **2**. 161, 177.
82. 22 : **2**. 38, 53, 55.
82. 23 : **2**. 242.
82. 27-30 : **3**. 204.
82. 27 : **2**. 237, 274.
82. 30 : **2**. 196.
82. 32 : **2**. 196.
82. 34 : **2**. 407.
83. 1 : **2**. 69, 397.
83. 2 : 157; **2**. 397; **3**. 220 n, 252.
83. 3 : **2**. 219 n; **3**. 287 n.
83. 5 : 179, 183; **2**. 53[2]; **3**. 103 n.
83. 6 : **2**. 53, 55.
83. 9 : **2**. 386.
83. 11 : **2**. 371.
83. 12 : **2**. 383, 441 n.
84. 1 : **2**. 278, 279.
84. 3 : 173; **2**. 247.
84. 4 : **2**. 177.
VIII. 84. 5 : 293; **3**. 245.
84. 6 : **2**. 273.
84. 7 : **2**. 273, 275.
84. 9 : **2**. 197.
85. 1 : 260, 286; **2**. 132, 191, 357.
85. 2 : **2**. 122, 141, 171.
85. 3 : **2**. 172, 261 n, 262, 262 n; **3**. 306.
85. 5 : 255, 288; **2**. 204, 253, 276, 277, 278.
85. 7 : **2**. 171, 199, 392 n; **3**. 38, 76.
85. 8 : 316 n.
85. 9 : **2**. 216, 377; **3**. 68.
85. 10 : 309; **2**. 286.
85. 11 : **2**. 286.
85. 12 : **2**. 273 n.
85. 13 : **2**. 34, 265, 461, 496.
85. 14 : **2**. 34, 382, 461, 496.
85. 15 : 302; **2**. 34, 291, 461, 496.
85. 16 : **2**. 75, 142 n, 194, 219; **3**. 107 n.
85. 17 : **2**. 334.
85. 18 : **2**. 186, 207, 208.
85. 19 : **2**. 196.
85. 20 : **2**. 177.
85. 21 : 219 n; **2**. 164, 265 n, 267, 412.
86. 1 : **2**. 236; **3**. 69.
86. 2 : 126, 127; **2**. 177, 319; **3**. 19.

VIII. 86. 3 : **2**. 229 n, 345; **3**. 202 n, 246.
86. 4 : **2**. 196.
86. 5 : **2**. 196, 233.
86. 9 : **3**. 76.
86. 10 : **2**. 163, 164, 171.
86. 11 : **3**. 248.
86. 12 : **2**. 279, 284; **3**. 201.
86. 15 : **2**. 357; **3**. 244.
87. 1 : **2**. 277.
87. 2 : **2**. 187.
87. 3 : **2**. 187.
87. 5 : **2**. 236, 236 n.
87. 6 : **2**. 214, 214 n, 236, 325.
87. 7 : 282.
87. 8 : 282; **2**. 274[2], 275.
87. 9 : **2**. 280.
87. 10 : **2**. 176.
87. 11 : **2**. 231 n.
88. 1 : **2**. 278 n, 287.
88. 3 : **2**. 187.
88. 5 : **2**. 171.
88. 6 : **2**. 162, 170, 197.
88. 7 : **2**. 497; **3**. 15.
88. 8 : **2**. 495.
89. 1 : **2**. 240, 241, 252.
89. 2 : **2**. 198, 240, 252; **3**. 325.
89. 3 : **2**. 167.
89. 4 : **2**. 167, 236, 238, 388; **3**. 244, 325.
89. 5 : **2**. 40 n, 269; **3**. 245.
89. 7 : **2**. 203.
89. 8 : **2**. 247.
VIII. 89. 9 : **2**. 254.
89. 10 : 290, 297, 309; **2**. 126, 138.
89. 11 : 288, 293, 295, 309.
89. 12 : **2**. 417.
90. 5 : **3**. 262.
90. 6 : **2**. 54, 445 n; **3**. 165, 181, 198, 212 n.
90. 7 : **2**. 431.
90. 8 : 322 n; **2**. 218 n, 491 n.
90. 10 : 38, 117, 210, 279 n, 291.
90. 11 : **3**. 99, 107 n.
90. 12 : 115; **3**. 87 n, 197.
90. 13 : 279 n, 289; **2**. 60 n, 138, 221.
90. 14 : 224, 279 n, 289; **2**. 53[2].
90. 15 : 195; **3**. 38, 94, 95, 96[2], 100, 100 n, 199, 293.
90. 16 : 309; **3**. 95.
91. 2 : **2**. 9.
91. 3 : **2**. 294.
91. 4 : 44, 53, 54; **2**. 17.
91. 5 : 15, 27; **2**. 17; **3**. 27.
91. 6 : **2**. 17; **3**. 39.
91. 7 : 28; **2**. 18, 37, 236.
91. 8 : **3**. 45.
91. 10 : 40.
91. 11 : 43.
91. 12 : 143; **3**. 135, 166.
91. 13 : **2**. 9.

VIII. 91. 14 : 120; **2**. 37; **3**. 161.
91. 15 : 13.
91. 17 : 47, 112; **2**. 48.
91. 19 : **2**. 227.
91. 21 : **2**. 496.
92. 1 : **2**. 215, 236; **3**. 220 n, 228.
92. 2 : 16 n, 45 n, 71; **2**. 5.
VIII. 92. 6 : 312; **2**. 392.
92. 7 : 143; **2**. 392.
92. 8 : **2**. 448; **3**. 230.
92. 10 : 89 n, 144.
92. 11 : 155.
92. 12 : **3**. 170.
92. 14 : 207; **2**. 370, 382, 486 n.

MAṆḌALA IX

IX. 1. 1 : **2**. 244.
1. 2 : **2**. 86, 217.
1. 3 : **2**. 267.
1. 4 : **2**. 243.
1. 5 : **3**. 298 n.
1. 6 : 181, 200, 206, 220; **2**. 457 n, 492; **3**. 8 n.
1. 7 : **2**. 22.
1. 8 : 179; **2**. 57; **3**. 9 n.
1. 9 : **2**. 56, 244.
1. 10 : **2**. 197, 252.
2. 1 : **2**. 245.
2. 2 : **2**. 442 n.
2. 3 : **2**. 42.
2. 4 : **2**. 32², 42, 50.
2. 5 : 164, 213²; **2**. 22, 30².
2. 6 : 161; **3**. 134.
2. 7 : 154; **2**. 26.
2. 9 : 164; **2**. 243, 244; **3**. 27.
2. 10 : 149, 212.
3. 1 : 149, 153.
3. 2 : vi n; **2**. 26; **3**. 180 n, 198².
3. 3 : **3**. 239.
3. 4 : 224.
3. 5 : 223.
3. 6 : **2**. 31.
3. 7 : 163.
3. 8 : 163, 186.
IX. 3. 10 : **3**. 237.
3. 18 : **3**. 122 n.
4. 2 : 214.
4. 3 : **3**. 309.
4. 4 : **2**. 244.
4. 5 : 215.
4. 7 : 181 n.
4. 9 : 182; **2**. 235; **3**. 218 n.
4. 10 : **2**. 460.
5. : 322²; **2**. 100 n.
5. 4 : 186.
5. 6 : **2**. 43.
5. 7 : 235; **2**. 266.
5. 9 : **2**. 266; **3**. 58.
5. 10 : 268.
6. 1 : 148.
6. 2 : **2**. 244, 266.
6. 3 : 188.
6. 4 : 154; **2**. 246.
6. 5 : 149, 187, 222; **2**. 22.
6. 6 : **2**. 55.
6. 8 : 149, 185.
6. 9 : **2**. 243.
7. 1 : **3**. 218, 220, 223², 238.
7. 2 : 149; **2**. 32.
7. 3 : vi n, 140, 212; **2**. 24; **3**. 183 n.
7. 4 : 185, 214; **2**. 50 n.
7. 5 : 218, 224.
7. 6 : 149, 185; **3**. 19.

IX. 7. 7 : 189; **2**. 243, 244 n, 439; **3**. 239.
7. 8 : **2**. 243.
8. 1 : **2**. 250.
8. 2 : 149, 189; **2**. 243, 244 n, 439.
8. 3 : 189; **3**. 245.
8. 4 : **2**. 22, 26, 28, 29, 132.
8. 5 : 149; **2**. 56, 243.
8. 6 : 149; **2**. 56.
8. 7 : 127; **2**. 245, 263.
8. 8 : 150, 215; **2**. 41, 185.
8. 9 : **2**. 243.
9. 1 : **2**. 29 n.
9. 2 : **2**. 243; **3**. 199.
9. 3 : 214; **2**. 22; **3**. 226.
9. 4 : **2**. 3, 28, 41, 132; **3**. 168, 199 n.
9. 5 : 187; **2**. 38; **3**. 246.
9. 6 : 164; **2**. 69 n, 441.
9. 8 : 214.
9. 9 : 212, 214; **2**. 178 n.
10. 1 : 224.
10. 2 : 224.
10. 3 : 224; **2**. 50, 134; **3**. 214, 232.
10. 4 : vi n.
10. 5 : 87, 161, 200, 214; **2**. 42.
10. 6 : 61, 294.
10. 7 : 294; **2**. 9, 28, 141, 144, 148 n.
10. 8 : 82, 162, 184, 193, 211.
IX. 10. 9 : 162; **2**. 38; **3**. 168, 172.
11. 1 : 189; **2**. 243; **3**. 315.
11. 2 : 49 n.
11. 3 : 212.
11. 6 : **2**. 23, 244.
11. 7 : **2**. 243.
11. 8 : 185, 300 n; **2**. 244.
11. 9 : **2**. 265.
12. 1 : **3**. 245.
12. 2 : **2**. 250.
12. 3 : **2**. 30, 80.
12. 4 : 200.
12. 5 : 181, 220; **2**. 457 n; **3**. 8 n.
12. 6 : 169, 280; **2**. 27, 33.
12. 7 : 171.
12. 8 : 162, 163, 171.
13. 1 : 189; **2**. 244 n.
13. 5 : 153.
13. 6 : 148, 222.
13. 7 : 165; **2**. 250.
13. 8 : **2**. 244, 250.
13. 9 : **3**. 238.
14. 1 : 169; **2**. 28, 33.
14. 2 : 211; **2**. 138.
14. 3 : **2**. 58, 243.
14. 4 : 203, 203 n; **2**. 245, 263.
14. 5 : 87; **2**. 29, 58.
14. 7 : 202, 223; **2**. 22, 29.
14. 8 : 181 n; **2**. 133.
15. 1 : 189, 224; **2**. 26, 245.

IX. 15. 2 : 185.
15. 3 : **3**. 11.
15. 4 : 222 ; **2**. 51.
15. 5 : **2**. 38.
15. 7 : 61.
15. 8 : **2**. 22, 25, 28, 29, 132.
16. 1 : 181, 222 ; **2**. 333.
16. 2 : 185 ; **2**. 31.
16. 3 : **2**. 31, 244.
16. 5 : **2**. 244.
16. 6 : 224 ; **2**. 58.
16. 7 : **2**. 182 n.
16. 8 : 61.
17. 1 : 154, 218 ; **2**. 267.
17. 2 : 164 ; **2**. 246.
17. 3 : **2**. 217.
17. 4 : **2**. 26.
17. 5 : 162, 215 ; **2**. 118.
17. 6 : **2**. 82 n.
17. 7 : 222 ; **2**. 25.
17. 8 : **3**. 217, 238.
18. 1 : 148 ; **2**. 417.
18. 2 : 148, 185.
18. 3 : 149 ; **2**. 243.
18. 4 : 212.
18. 6 : 162.
18. 7 : **3**. 95 n.
19. 1 : 181 n ; **2**. 133.
19. 2 : **2**. 265.
19. 3 : 61.
19. 4 : 222 ; **2**. 25, 26.
19. 5 : **2**. 25.
20. 2 : 212.
20. 5 : 224 ; **3**. 237, 270.
20. 6 : 149 [2] ; **2**. 31.
21. 2 : **3**. 114 n.
21. 3 : **2**. 32.
IX. 21. 4 : 223.
21. 6 : **2**. 410.
21. 7 : 185, 222 ; **3**. 42, 186.
22. 1 : 224.
22. 2 : 166, 171 ; **3**. 27.
22. 3 : vi n [2] ; **2**. 23.
22. 4 : 163 ; **3**. 315.
22. 5 : **2**. 118, 124.
22. 6 : 204.
22. 7 : 204, 218 ; **2**. 319.
23. 2 : 59, 188, 215 ; **2**. 323.
23. 3 : **2**. 218 n, 226.
23. 4 : 59 ; **2**. 323.
23. 7 : **2**. 198, 252.
24. 1 : **2**. 30.
24. 2 : 165 ; **2**. 250.
24. 3 : 223 ; **2**. 244.
24. 5 : 183 ; **2**. 244 ; **3**. 211 n.
24. 6 : **2**. 267.
25. 1 : **2**. 243, 244 n.
25. 2 : **2**. 26, 244 n ; **3**. 251.
25. 3 : **2**. 266.
25. 4 : 176, 191 ; **2**. 161 n.
25. 5 : 189 ; **2**. 24.
25. 6 : 279 n.
26. : 204.
26. 1 : **3**. 96.
26. 2 : 212 ; **2**. 22, 57.
26. 3 : **2**. 28.
26. 4 : 87, 300 n ; **2**. 24, 28 ; **3**. 198.
26. 6 : **2**. 26, 244.
27. 2 : **2**. 244 n.
27. 3 : **2**. 81.

IX. 27. 5 : 161, 200.
27. 6 : **2**. 244.
28. 1 : 185, 300 n.
28. 2 : 176; **2**. 161 n; **3**. 212 n.
28. 3 : **2**. 266.
28. 4 : 149, 223; **2**. 22.
28. 5 : 215; **3**. 212 n.
28. 6 : **3**. 198.
29. 2 : 205, 222.
29. 3 : 214; **2**. 41.
29. 6 : 181 n; **2**. 133.
30. 5 : **2**. 31; 244[2].
31. 2 : 181 n.
31. 3 : 215; **2**. 33.
31. 5 : **2**. 57.
31. 6 : 213.
32. 2 : **2**. 30, 244, 328.
32. 3 : 225; **2**. 50.
32. 4 : 161; **2**. 328; **3**. 172, 238.
32. 5 : **2**. 50.
33. : 213.
33. 1 : 154, 222.
33. 2 : **3**. 238.
33. 3 : **2**. 243, 244 n.
33. 4 : 288; **2**. 28, 53.
33. 5 : **2**. 28, 53; **3**. 241.
33. 6 : 182 n; **2**. 138.
34. 1 : 218.
34. 2 : **2**. 243.
34. 3 : 155, 223.
34. 4 : 176; **2**. 30, 328.
34. 5 : **2**. 328, 382, 397; **3**. 252.
34. 6 : 222; **2**. 27.
35. 1 : 214.
35. 2 : 214; **2**. 27, 33, 41[2].
IX. 35. 4 : 185, 224; **3**. 237.
35. 5 : 187; **2**. 26, 27, 33, 41.
35. 6 : 213; **3**. 216, 223, 239.
36. 1 : 181, 222.
36. 2 : 149.
36. 3 : 188, 214.
36. 4 : 148; **3**. 239.
36. 5 : 181 n; **2**. 133.
36. 6 : 162.
37. 1 : **2**. 217.
37. 3 : 163, 200; **2**. 217, 328.
37. 4 : 215; **2**. 57, 328.
37. 5 : **2**. 266; **3**. 198.
37. 6 : **2**. 244.
38. 1 : 224.
38. 2 : **2**. 30, 244[2], 328.
38. 3 : 201, 224; **2**. 29, 30.
38. 4 : 173, 225; **2**. 61.
38. 5 : 180, 221; **2**. 328.
39. 1 : 186; **3**. 212 n.
39. 2 : 215; **2**. 185; **3**. 166 n.
39. 3 : 214.
39. 4 : 204; **2**. 35.
39. 5 : 175.
39. 6 : **3**. 238.
40. 1 : **2**. 25.
40. 6 : 181 n.
41. 1 : **2**. 86.
41. 2 : 218; **2**. 215.
41. 3 : 164, 169.
41. 5 : 161, 169; **2**. 2, 21.
41. 6 : 164, 169, 320.

IX. 42. 1 : 213, 215; 2. 3, 50, 457 n.
42. 2 : 188, 207, 215.
42. 4 : 155, 214.
42. 5 : 3. 255.
43. 1 : 222; 2. 26, 49.
43. 2 : 2. 25, 244².
43. 3 : 6 n; 2. 26, 301.
43. 5 : 223; 2. 243.
43. 6 : 2. 236.
44. 1 : 189.
44. 2 : 175; 2. 26.
44. 4 : 186.
44. 5 : 126 n; 2. 244 n.
45. 1 : 2. 244².
45. 2 : 186, 210; 2. 431.
45. 3 : 2. 56.
45. 4 : 222.
45. 6 : 150 n.
46. 1 : 148, 222; 2. 36.
46. 2 : 165; 2. 244 n, 257.
46. 3 : 2. 250.
46. 4 : 149; 2. 56.
46. 6 : 2. 22, 29.
47. 1 : 182; 2. 235.
47. 2 : 218²; 2. 215; 3. 173.
47. 3 : 169, 191; 2. 253, 254.
47. 13 : 3. 195.
47. 14 : 3. 195.
47. 18 : 3. 195.
48. 1 : 170.
48. 2 : 218; 3. 237.
48. 3 : 224.
48. 4 : 186; 3. 238.
49. 1 : 215; 2. 185.
49. 2 : 212.
IX. 49. 3 : 218, 260; 2. 185.
49. 5 : 214; 2. 217.
50. 1 : 154.
50. 2 : 288; 2. 28.
50. 4 : 279 n.
50. 5 : 2. 56, 244².
51. 1 : 2. 244.
51. 2 : 170.
51. 3 : 2. 243.
51. 4 : 2. 236.
52. 1 : 170.
52. 3 : 215.
53. 1 : 218; 2. 217.
53. 3 : 213; 3. 221, 237.
53. 4 : 2. 32, 244.
54. 1 : 154, 155, 185, 188.
54. 2 : 160; 2. 123, 140, 143 n.
54. 3 : 160.
54. 4 : 2. 244².
55. 1 : 173; 3. 9.
55. 2 : 148, 182 n; 2. 22.
55. 4 : 218.
56. 1 : 2. 217; 3. 238.
56. 2 : 2. 263.
56. 3 : 2. 29.
56. 4 : 2. 243, 418 n.
57. : 202.
57. 1 : 164.
57. 2 : 161, 185, 218, 224; 3. 172.
57. 3 : 61, 224, 225; 3. 237, 270.
57. 4 : 181 n.
58. 3 : 2. 450 n.
59. 1 : 2. 178 n.
59. 2 : 177, 241; 2. 35; 3. 198.

IX. 59. 4 : 187, 214[2].
60. 3 : **2**. 245.
60. 4 : 183.
61. 1 : **2**. 146 n, 252, 342, 344.
61. 2 : **2**. 252, 342, 343, 358.
61. 5 : **3**. 173.
61. 7 : **2**. 29, 36, 58 n.
61. 8 : 191 ; **2**. 58 n, 244 n.
61. 9 : **2**. 243[2], 244 n.
61. 10 : 171, 198 ; **2**. 29, 58 n.
61. 11 : **3**. 287 n.
61. 12 : **2**. 243[2] ; **3**. 11 n.
61. 13 : 189 ; **2**. 58[2], 243.
61. 14 : **2**. 26.
61. 15 : 214 ; **2**. 41.
61. 16 : 215 ; **2**. 153 n.
61. 17 : 224.
61. 18 : 154 ; **3**. 93.
61. 20 : 218 ; **2**. 267.
61. 21 : 225 ; **2**. 49, 261, 262 n.
61. 22 : **2**. 200, 252, 263.
61. 24 : **3**. 223, 237.
61. 25 : 189 ; **2**. 245.
61. 27 : **3**. 198.
61. 30 : 224 ; **3**. 200.
62. 3 : 324.
62. 4 : 225 ; **2**. 31, 417 ; **3**. 93.
62. 5 : **2**. 23, 31.
62. 6 : 222.
62. 8 : 149 ; **2**. 244.
62. 9 : 219 ; **2**. 308.
62. 11 : **3**. 237.
IX. 62. 12 : **2**. 460.
62. 13 : 62 ; **2**. 417.
62. 14 : 163 ; **2**. 417.
62. 15 : 225 ; **2**. 26, 244.
62. 16 : 149.
62. 17 : 179, 211, 223 ; **2**. 28, 141, 150.
62. 18 : 222.
62. 19 : 224 ; **2**. 58.
62. 20 : 62, 155, 207, 210.
62. 24 : **2**. 491 n.
62. 25 : 185 ; **2**. 24, 27[2], 33, 41[2].
62. 26 : 215 ; **2**. 24, 27[2], 33[2], 41[2].
62. 27 : 214 ; **2**. 41.
62. 28 : 164.
62. 29 : **2**. 244.
62. 30 : **3**. 216, 237.
63. 2 : 149.
63. 3 : **2**. 243, 244 n, 418 n.
63. 4 : **3**. 180 n, 198, 238.
63. 5 : **2**. 250.
63. 6 : 163.
63. 8 : 65 n, 190, 217 ; **2**. 331 n, 333.
63. 9 : 186, 217 ; **2**. 29, 244, 266, 331 n.
63. 10 : 183 ; **2**. 244 n.
63. 12 : **2**. 460.
63. 14 : **2**. 215 ; **3**. 212 n, 238.
63. 17 : 62 ; **2**. 34, 244.
63. 20 : **2**. 25.
63. 21 : **3**. 238.
63. 22 : 189 ; **3**. 251.
63. 23 : **2**. 32.

IX. 63. 25 : 185.
63. 27 : 171.
63. 28 : **2.** 217.
63. 29 : **2.** 217.
63. 30 : 181 n; **2.** 133.
64. 1 : **3.** 220 n, 236, 237.
64. 3 : 223.
64. 5 : **2.** 22; **3.** 239.
64. 6 : 181 n; **2.** 133.
64. 7 : 160.
64. 8 : 160, 164, 176; **2.** 30.
64. 9 : 161, 168, 228; **2.** 381; **3.** 167 n, 218 n.
64. 10 : 223.
64. 11 : **3.** 238.
64. 12 : **2.** 244 [2].
64. 13 : 154; **2.** 49.
64. 15 : 154; **2.** 245.
64. 16 : **2.** 26, 32.
64. 17 : 59; **2.** 32, 323; **3.** 238.
64. 19 : 164; **2.** 333.
64. 20 : **3.** 79, 238.
64. 21 : **2.** 40; **3.** 315.
64. 22 : **3.** 245.
64. 23 : 61.
64. 24 : **2.** 243.
64. 27 : **2.** 32.
64. 28 : 154.
64. 29 : 222, 223 [2].
64. 30 : 181, 185, 190.
65. 1 : 161; **2.** 43.
65. 2 : 207.
65. 3 : **2.** 185.
65. 4 : 155.
65. 5 : 182.
IX. 65. 6 : 149 [2]; **2.** 31.
65. 7 : **2.** 453.
65. 8 : 154; **2.** 244.
65. 10 : **2.** 390.
65. 11 : 181, 213; **2.** 22.
65. 12 : 6 n, 180 n; **2.** 263.
65. 14 : 149.
65. 15 : 155.
65. 16 : 65 n, 190, 224.
65. 19 : 225 [2].
65. 20 : 214; **2.** 243, 244 n.
65. 22 : 175.
65. 23 : 175, 206 [2], 211; **2.** 138.
65. 24 : 215; **2.** 185.
65. 25 : **2.** 80, 491 n.
65. 26 : 222; **2.** 30.
65. 27 : 180, 190.
65. 29 : 185.
66. 1 : 185.
66. 2 : 176, 180; **3.** 212 n [2].
66. 3 : 176.
66. 5 : 175, 200; **3.** 213 n, 236.
66. 6 : **2.** 33, 49, 132.
66. 8 : 87, 89 n; **2.** 28 [2], 132, 326.
66. 9 : 185; **2.** 23; **3.** 19.
66. 10 : 222.
66. 11 : 149; **2.** 27.
66. 12 : 165; **3.** 238.
66. 13 : **2.** 42.
66. 14 : **3.** 315.
66. 15 : **2.** 245.
66. 16 : 218.
66. 17 : 224.
66. 18 : 161; **2.** 177 n.
66. 19 : 166; **3.** 42.

IX. 66. 20 : 166 ; **2**. 137.
66. 21 : 166.
66. 22 : 160.
66. 23 : 61. 222.
66. 24 : 214 ; **3**. 238.
66. 25 : 155.
66. 26 : 223 ; **2**. 383.
66. 27 : 154.
66. 28 : **2**. 244.
66. 29 : **2**. 79, 244.
66. 30 : 171 ; **2**. 83 n ; **3**. 173.
67. 2 : **2**. 460.
67. 6 : **2**. 460.
67. 8 : 59; **2**. 244, 323, 441.
67. 9 : 161 ; **2**. 43.
67. 10 : **2**. 429.
67. 11 : **2**. 427, 429.
67. 12 : **2**. 429.
67. 13 : **2**. 27.
67. 14 : 149 n, 225.
67. 15 : 225.
67. 17 : 224.
67. 18 : **2**. 244 n.
67. 19 : 148.
67. 20 : 148 ; **2**. 218.
67. 22 : 187.
67. 23 : 201, 283.
67. 24 : 201.
67. 26 : 179 ; **3**. 253.
67. 28 : 149.
67. 29 : 182, 187, 224.
67. 31 : 53, 187, 283.
67. 32 : 283, 299, 328.
68. 1 : 165, 181, 220, 316 ; **2**. 64 n, 250.
68. 2 : 162, 199[2], 204 ; **2**. 65 n.
IX. 68. 3 : 213 ; **2**. 22, 118.
68. 4 : 163 ; **2**. 41, 50, 82.
68. 5 : 188, 239 n ; **2**. 76 ; **3**. 238.
68. 6 : 162, 199, 208 ; **2**. 33, 34.
68. 7 : **2**. 22, 26.
68. 8 : 162, 163, 169 ; **2**. 24, 358.
68. 9 : 163, 171, 213 ; **2**. 31.
68. 10 : 183.
207, 278 n, 310.
69. 1 : **2**. 25, 68, 106, 397 n ; **3**. 237.
69. 2 : **2**. 441.
69. 3 : 222 ; **2**. 56, 79, 106 ; **3**. 94, 222, 263.
69. 4 : 222 ; **2**. 50, 51.
69. 5 : 180 ; **2**. 34.
69. 6 : 160, 175, 204 ; **2**. 244 ; **3**. 213 n[2], 244.
69. 7 : 154.
69. 8 : 38 n, 183 ; **2**. 81.
69. 9 : 218, 224 ; **2**. 185, 481.
69. 10 : **2**. 244 ; **3**. 173.
70. 1 : **2**. 54, 58, 126, 135, 138 ; **3**. 183 n, 237.
70. 2 : 181, 198, 208, 220 ; **2**. 34, 75, 116.
70. 3 : 161, 208, 224 ; **2**. 133 ; **3**. 172, 198.

IX. 70. 4 : 161, 198 n, 209 ; **2**. 30, 34, 135 ; **3**. 172, 223, 237.
70. 5 : 161, 168, 204, 210 ; **2**. 21[2] ; **3**. 172.
70. 6 : 168, 186, 207 n, 208, 210, 222, 316 n ; **2**. 21, 374 ; **3**. 238.
70. 7 : 222[2] ; **2**. 80.
70. 8 : 179 ; **2**. 243, 244 n.
70. 9 : 185 ; **2**. 245.
70. 10 : 223, 224 ; **2**. 245.
71. 1 : 129, 180 ; **2**. 28, 34, 81, 217, 218, 424 ; **3**. 190, 284.
71. 2 : 176 ; **2**. 89, 102, 305, 481 ; **3**. 54 n, 64, 69 n, 85.
71. 3 : 5 n : **2**. 31, 38.
71. 4 : 148, 205 ; **2**. 58, 69, 81, 248.
71. 5 : 205, 224 ; **2**. 29, 59, 77, 89 ; **3**. 96.
71. 6 : 189, 222, 225.
71. 7 : 179, 185 ; **2**. 42, 50 ; **3**. 19.
71. 8 : 162, 176, 189 ; **2**. 25 ; **3**. 172.
71. 9 : 222, 225 ; **2**. 43, 57 ; **3**. 172.
72. 1 : 223[2] ; **2**. 26, 56.
72. 2 : 210 ; **2**. 22, 245.
72. 3 : **2**. 53, 70, 492.
72. 4 : 65 n, 186 ; **2**. 50, 477 ; **3**. 327.
72. 5 : 181, 185, 225.
IX. 72. 6 : 169, 199, 205, 209, 293, 309 ; **2**. 27 ; **3**. 241.
72. 7 : 169, 213 ; **2**. 33, 36, 253.
72. 8 : 162 ; **2**. 118.
73. : 210, 211.
73. 1 : 179 ; **2**. 81, 147 ; **3**. 63 n, 84, 186, 238.
73. 2 : 222, 279 n ; **2**. 28, 33, 40, 250.
73. 3 : **3**. 119, 128, 133, 223, 257.
73. 4 : **3**. 119[2], 166.
73. 5 : **2**. 79, 190, 216 ; **3**. 82, 119, 142, 247.
73. 7 : 283 ; **2**. 383 ; **3**. 38, 119, 166, 180 n, 199.
73. 8 : 179 ; **3**. 181, 198, 239.
73. 9 : 283 ; **3**. 81, 132, 262.
74. 1 : 214 ; **2**. 55.
74. 2 : 159 n, 162, 186, 199, 213.
74. 3 : 217, 220, 222, 316 n ; **2**. 41, 185 ; **3**. 222, 263.
74. 4 : 188, 197, 209, 220 ; **2**. 35 ; **3**. 238.
74. 5 : 68, 183 ; **2**. 35, 41, 70 ; **3**. 96 n.
74. 6 : 182, 197 ; **2**. 118, 124, 126, 138.
74. 7 : 176, 215, 257 ; **3**. 84.

IX. 74. 8 : 222 ; **2**. 56, 481.
74. 9 : **2**. 31.
75. 2 : 283, 300 n ; **2**. 24, 124, 125 n ; **3**. 198, 241.
75. 3 : 178, 179, 214 ; **2**. 42, 49, 68 ; **3**. 242.
75. 4 : 214 ; **2**. 21, 22.
75. 5 : **2**. 56 ; **3**, 287.
76. 1 : 213, 223[2] ; **2**. 32.
76. 2 : 223, 224 ; **2**. 250.
76. 3 : 168 ; **2**. 22.
76. 4 : 202, 203, 224 ; **2**. 24, 218 ; **3**. 241.
76. 5 : 222 ; **2**. 38.
77. 1 : 169 ; **2**. 49, 253 ; **3**. 242.
77. 2 : **2**. 456 n ; **3**. 7, 30.
77. 3 : 168, 182 ; **2**. 206 n.
77. 5 : 223[2] ; **2**. 22 ; **3**. 136, 198.
78. 1 : 148, 149, 189, 203 n[2], 224 ; **2**. 27, 33, 49 ; **3**. 315.
78. 2 : 223.
78. 3 : **2**. 35, 38.
78. 4 : 149.
79. : **3**. 11.
79. 1 : 209, 319.
79. 2 : **3**. 189.
79. 3 : **2**. 218 n ; **3**. 173.
79. 4 : 180, 202, 210 ; **2**. 29, 31, 80.
80. 1 : 186, 301 ; **3**. 254.
80. 2 : **2**. 57, 86.
80. 3 : 163, 223 ; **2**. 245.
80. 4 : **2**. 23.
80. 5 : 154 ; **2**. 23, 29.
IX. 81. 2 : 210, 222.
81. 4 : 326 ; **2**. 428 ; **3**. 40.
81. 5 : 306 ; **3**. 92.
82. 1 : 224, 225 ; **2**. 49.
82. 2 : 223 ; **2**. 23 ; **3**. 173.
82. 3 : 172, 173[2] ; **2**. 31, 49, 50 ; **3**. 25.
82. 4 : 165, 187 ; **2**. 57, 479.
82. 5 : 215 ; **3**. 222, 237.
83. 1 : 79, 193, 205, 300 n, 304 n.
83. 2 : 201, 205, 209, 304 n ; **2**. 34.
83. 3 : 99 n, 205, 209, 214, 222 ; **2**. 42 ; **3**. 82[2].
83. 4 : **2**. 76 ; **3**. 65, 66, 154, 159, 185.
83. 5 : 187, 224[2] ; **2**. 34.
84. 1 : 186.
84. 2 : 162 ; **2**. 2, 43, 66.
84. 3 : 170, 172 ; **2**. 35.
84. 4 : 26, 218 ; **2**. 42.
84. 5 : 185 ; **2**. 56.
85. 1 : 152 ; **2**. 217, 218 ; **3**. 189.
85. 2 : 149.
85. 3 : 149, 224 ; **2**. 244 ; **3**. 198.
85. 4 : 218.
85. 5 : 222 ; **2**. 56.
85. 6 : **3**. 198.
85. 7 : 202, 222 ; **2**. 22, 24, 29.
85. 9 : 162, 210, 214.
85. 10 : 204, 210 ; **2**. 35, 36, 39[2], 40, 417.

IX. 85. 11 : 180, 210, 225, 290 ; **2**. 26, 28, 39[3], 40.
85. 12 : 176, 214, 238 ; **2**. 21, 22, 39[2] ; **3**. 66.
86. 1 : 225.
86. 2 : 165.
86. 3 : 223.
86. 4 : **2**. 63 n, 434 ; **3**. 218[2], 237.
86. 5 : 162, 176 ; **2**. 408 ; **3**. 212 n, 236.
86. 6 : 162, 180.
86. 7 : 167 n, 186[2].
86. 8 : 213 ; **2**. 32, 42.
86. 9 : 213 ; **3**. 237.
86. 10 : 214.
86. 11 : 213 ; **2**. 32 ; **3**. 136 n.
86. 12 : 6 n ; **2**. 24, 27, 33, 41.
86. 13 : 225 ; **2**. 21 ; **3**. 310.
86. 14 : **2**. 34, 103 ; **3**. 64, 174.
86. 15 : 177 ; **2**. 76 ; **3**. 213 n, 239.
86. 16 : **2**. 56.
86. 17 : **2**. 24.
86. 19 : 218 ; **2**. 24, 42.
86. 20 : **2**. 326.
86. 21 : 216 ; **2**. 42, 54, 135.
86. 22 : 176, 204, 218 ; **3**. 213 n, 219, 236.
86. 23 : 219 ; **2**. 309.
86. 24 : 173 ; **2**. 28.
86. 25 : 62 ; **2**. 31, 54, 131 ; **3**. 238.
IX. 86. 26 : **2**. 50.
86. 27 : 179, 201, 202, 204 ; **2**. 29. 35, 58.
86. 28 : 183, 188 ; **3**. 211 n ; 212 n.
86. 29 : 161, 164, 211, 213 ; **2**. 21, 30, 125 ; **3**. 218 n.
86. 30 : 58 n, 200, 209, 213 ; **3**. 218 n.
86. 31 : **2**. 26 ; **3**. 19.
86. 32 : 161, 211 ; **2**. 43, 57 ; **3**. 238, 314.
86. 33 : **2**. 24, 33 ; **3**. 223, 238.
86. 34 : 160 ; **2**. 33.
86. 35 : 213, 225.
86. 36 : **2**. 36, 38[2], 54, 131, 444 n ; **3**. 66.
86. 37 : 163, 190 ; **2**. 29[2] ; **3**. 239.
86. 39 : 183.
86. 40 : **2**. 31.
86. 41 : **2**. 49.
86. 42 : 210, 305[2], 307, 308 ; **2**. 125 n, 133 ; **3**. 166 n.
86. 43 : 225 ; **2**. 34.
86. 44 : 168, 223 ; **2**. 79, 442.
86. 45 : 223 ; **2**. 41.
86. 46 : 179, 213 ; **2**. 26[2].
86. 48 : **2**. 218.
87. 1 : 223.
87. 2 : 213, 214 ; **2**. 22.
87. 3 : 185, 218 ; **2**. 58, 74, 338, 339, 340, 408.

IX. 87. 5 : 223.
87. 6 : 173 ; **3**. 11.
87. 7 : 222[2], 224 ; **2**. 58.
87. 8 : 10, 168, 183, 198, 219, 241 ; **2**. 35, 58.
87. 9 : 162, 190 ; **2**. 58, 263.
88. 1 : **2**. 263.
88. 2 : 224 ; **2**. 324 n.
88. 3 : **2**. 425, 428, 431, 434 n.
88. 4 : 219 ; **2**. 203 n, 207, 267[2], 451, 452.
88. 5 : 165, 224 ; **2**. 36.
88. 6 : 164, 257.
88. 7 : 154 ; **2**. 383.
89. 1 : 164, 172 ; **2**. 55.
89. 2 : 173 ; **2**. 34, 36, 112 ; **3**. 238.
89. 3 : 162, 213, 218, 221, 224 ; **2**. 58.
89. 4 : 211, 223.
89. 5 : **2**. 138.
89. 6 : 213[2].
89. 7 : **2**. 266.
90. 1 : 213, 224[2] ; **2**. 22.
90. 2 : 179 ; **2**. 27, 50 n ; **3**. 130.
90. 3 : 224 ; **3**. 328.
90. 4 : 216 ; **2**. 266 ; **3**. 328.
91. 1 : 185 ; **2**. 22.
91. 2 : 153 ; **2**. 31.
91. 3 : 161, 200.
91. 4 : **2**. 218.
91. 5 : 185.
91. 6 : **2**. 178 n.

IX. 91. 8 : 185.
91. 9 : 185.
91. 22 : 216.
92. 1 : 224 ; **2**. 447 n.
92. 2 : 176, 186 ; **2**. 132[3].
92. 3 : 211 ; **2**. 138.
92. 4 : 201 ; **2**. 33, 132, 146 n.
92. 5 : 70, 214 ; **2**. 211 n, 325 n.
92. 6 : 186, 222 ; **3**. 182 n.
93. 1 : 222 ; **2**. 29, 70.
93. 2 : 316 ; **2**. 36, 43, 56.
93. 3 : **2**. 58, 82.
93. 4 : **2**. 460, 478.
93. 5 : 171 n[2].
94. 1 : 160 ; **2**. 24, 38.
94. 2 : 198 n ; **2**. 27 ; **3**. 213 n, 236, 241.
94. 3 : 186.
94. 4 : 192 ; **3**. 183 n.
95. 1 : **2**. 24, 55, 56.
95. 2 : 186 ; **3**. 223, 238.
95. 3 : **2**. 25.
95. 4 : 222 ; **2**. 33, 329, 417 ; **3**. 131.
96. 1 : 218, 224.
96. 2 : 190, 202 n, 223 ; **2**. 255, 263.
96. 3 : 218 ; **2**. 41[2], 185, 243.
96. 5 : 213, 218 ; **2**. 22, 24.
96. 6 : 166, 185, 187, 222, 225.
96. 7 : 161, 222 ; **2**. 57 ; **3**. 172.

IX. 96. 8 : **2**. 49.
96. 9 : 222 ; **2**. 56.
96. 10 : 188 ; **2**. 31 [2].
96. 11 : 219 ; **2**. 31, 309.
96. 12 : 66, 187 ; **2**. 251.
96. 13 : **2**. 23, 31, 243 ; **3**. 245.
96. 14 : 218, 316 ; **2**. 32, 43, 56, 185.
96. 15 : 6 n, 222 [2] ; **2**. 25, 83 n ; **3**. 95 n, 96.
96. 16 : 189, 223 ; **2**. 125.
96. 17 : 185 ; **2**. 382.
96. 18 : 179, 185 [2] ; **2**. 39 n, 89, 125, 265, 327 ; **3**. 212 n.
96. 19 : 179, 222, 224, 225 ; **2**. 39 [2], 42, 125, 327.
96. 20 : 222, 223, 224 ; **2**. 51.
96. 22 : **2**. 56, 428 n.
96. 23 : 225 ; **2**. 50.
96. 24 : 154 ; **2**. 31.
97. 1 : 186.
97. 2 : **2**. 442 n.
97. 5 : 188 ; **3**. 213 n, 222, 239.
97. 6 : 190.
97. 7 : 185, 186, 221 ; **2**. 338, 339, 340 ; **3**. 237.
97. 8 : 146.
97. 9 : 159, 222 ; **2**. 49, 417 ; **3**. 5.
97. 10 : 187 ; **2**. 218.
97. 11 : 155 ; **2**. 263.
97. 12 : 202 ; **2**. 23, 29, 64 n ; **3**. 237.
IX. 97. 13 : 168 ; **2**. 35, 57.
97. 14 : **2**. 441.
97. 15 : 215, 162.
97. 17 : 215, 324 ; **2**. 185.
97. 18 : 187, 223 [2] ; **3**. 173, 176, 185.
97. 19 : **2**. 457 n ; **3**. 198.
97. 20 : 189, 223.
97. 21 : 215 ; **2**. 41.
97. 22 : 181 ; **2**. 26, 56, 109 ; **3**. 219, 237.
97. 23 : 187 ; **2**. 22 ; **3**. 217, 238.
97. 24 : 210 ; **3**. 238.
97. 25 : 223.
97. 27 : 212 ; **2**. 22, 243.
97. 28 : 221, 223 [2].
97. 30 : **2**. 98 ; **3**. 64, 118.
97. 31 : 215, 279 n ; **3**. 212 n.
97. 32 : 198 n ; **3**. 213 n, 223, 236, 238.
97. 33 : 191, 225.
97. 34 : 288 ; **2**. 27, 28 ; **3**. 241.
97. 35 : **2**. 27.
97. 36 : **2**. 477.
97. 37 : 210 ; **3**. 241.
97. 38 : 161, 201 ; **2**. 21.
97. 39 : 214, 219 ; **2**. 236, 309.
97. 40 : 164, 183, 200, 201 n ; **3**. 218 n.
97. 41 : 218, 222 ; **2**. 36 [2] ; **3**. 147 n.
97. 43 : 152, 186 ; **2**. 56, 263 ; **3**. 173, 176, 185.

IX. 97. 44 : 218.
97. 45 : 154, 222 ; **2**. 31.
97. 47 : 179 n, 186 ; **2**. 112.
97. 48 : **2**. 31 ; **3**. 237.
97. 51 : 118 n ; **2**. 133.
97. 52 : 27.
97. 55 : 179.
97. 56 : 213.
97. 57 : **2**. 22, 29, 31 ; **3**. 198.
98. 1 : **2**. 406 n, 407.
98. 2 : 223.
98. 3 : 166, 189.
98. 6 : **2**. 22.
98. 7 : 189.
98. 8 : 160 ; **2**. 22.
98. 9 : 213 ; **2**. 417.
98. 10 : 128 ; **2**. 169, 196.
98. 11 : **2**. 42 ; **3**. 189.
99. 1 : vi n ; **2**. 27 ; **3**. 84.
99. 2 : 87 ; **2**. 26.
99. 3 : 149 ; **2**. 27, 244.
99. 5 : 186, 210.
99. 6 : **2**. 24, 56.
99. 7 : **2**. 32.
100. 1 : 187 ; **2**. 49 ; **3**. 186.
100. 2 : 181 n.
100. 3 : 181 n, 282 ; **2**. 28, 133, 280 n, 284.
100. 4 : 223.
100. 6 : **2**. 148 n.
100. 7 : 187 ; **2**. 49, 56 ; **3**. 186, 218 n.
100. 8 : 214.
100. 9 : 213 ; **2**. 58 ; **3**. 237.
101. 1 : **3**. 60.
IX. 101. 2 : 222.
101. 3 : 149.
101. 4 : 189.
101. 5 : 208, 300 n ; **2**. 24.
101. 6 : 164 ; **2**. 263.
101. 7 : 161 ; **2**. 22, 428 ; **3**. 172 n, 289.
101. 8 : **2**. 49.
101. 10 : 223 ; **3**. 134.
101. 11 : **2**. 80.
101. 12 : 160.
101. 13 : **3**. 60.
101. 14 : **2**. 21, 50 ; **3**. 130 n.
101. 15 : 212 ; **2**. 22.
101. 16 : **2**. 80.
102. 1 : **2**. 49 ; **3**. 241.
102. 2 : **2**. 134, 328 ; **3**. 236.
102. 3 : **2**. 328.
102. 4 : **2**. 54, 132.
102. 5 : 207, 214 ; **3**. 199, 237.
102. 6 : 207 ; **2**. 49 ; **3**. 255.
102. 7 : **3**. 226.
102. 8 : **3**. 173, 241.
103. 1 : 312.
103. 2 : 179 ; **2**. 56.
103. 3 : 178 ; **2**. 24, 28, 141.
103. 4 : **2**. 24 ; **3**. 181, 198.
103. 5 : 162, 190 ; **2**. 263.
103. 6 : 223.
104. 2 : 187 ; **2**. 49.
104. 4 : 154 ; **2**. 24, 56.

IX. 104. 6 : **2.** 217 [2], 218 ; **3.** 190.
105. 1 : 187.
105. 2 : **2.** 26, 49.
105. 4 : 154; **2.** 56.
105. 5 : 223 ; **2.** 255.
105. 6 : **3.** 189.
106. 3 : **2.** 186, 251, 253.
106. 8 : 198; **2.** 30, 250.
106. 9 : **2.** 185.
106. 10 : vi n; **2.** 24, 27.
106. 11 : 179 ; **2.** 27.
106. 12 : 222; **2.** 24.
106. 13 : **3.** 180 n, 198.
106. 14 : 185.
107. 1 : 149; **2.** 31, 459 n, 460, 460 n.
107. 2 : 220; **2.** 31, 31 n; **3.** 198.
107. 3 : **3.** 304.
107. 4 : 155; **2.** 30; **3.** 238.
107. 5 : 187 ; **2.** 104.
107. 6 : 188; **2.** 226, 262 n, 308.
107. 7 : 218; **2.** 460 n.
107. 8 : 223.
107. 10 : 224.
107. 12 : 154.
107. 13 : 224; **2.** 32 ; **3.** 130 n.
107. 14 : **2.** 32, 323.
107. 15 : **2.** 32 ; **3.** 238, 261.
107. 16 : **2.** 32.
107. 17 : 61.
107. 18 : **2.** 24, 31.
107. 20 : 6.
IX. 107. 21 : **2.** 27, 33.
107. 22 : **2.** 56.
107. 24 : 162; **2.** 26, 118 ; **3.** 236.
107. 25 : **2.** 383.
107. 26 : 214; **2.** 31, 49, 50.
108. 2 : **2.** 250, 333.
108. 3 : 101, 196 n, 198.
108. 4 : 198 n, 219 ; **2.** 148, 310, 458.
108. 5 : 154.
108. 6 : 218, 317; **2.** 266.
108. 7 : 170 ; **2.** 32.
108. 8 : **2.** 235; **3.** 229, 237, 238.
108. 9 : 178.
108. 10 : 187, 215 ; **2.** 185, 442 n.
108. 11 : 170, 209.
108. 12 : 179, 214 ; **2.** 53.
108. 13 : 324.
108. 14 : **3.** 104 n.
108. 16 : 154, 165 n, 213 ; **2.** 245 [2].
109. 3 : 170.
109. 4 : 164, 214; **3.** 212 n.
109. 6 : 213; **3.** 218 n, 270 n.
109. 7 : 200.
109. 10 : 222.
109. 11 : **2.** 56.
109. 12 : 187.
109. 13 : **2.** 30.
109. 14 : 219; **2.** 197, 252.
109. 15 : 149 ; **2.** 56.
109. 17 : **2.** 30, 56.
109. 18 : **2.** 245.
109. 21 : **2.** 31.

IX. 109. 22 : 218.
110. 1 : **2**. 267; **3**. 173.
110. 2 : **3**. 327.
110. 3 : 217; **2**. 477 ; **3**. 327.
110. 4 : 198 n ; 217 ; **3**. 218, 220, 239.
110. 5 : 203[2], 217 ; **2**. 22.
110. 6 : 207, 209.
110. 7 : 209.
110. 8 : 170, 209.
110. 9 : 213, 222; **2**. 51.
110. 10 : 187; **2**. 56.
110. 11 : **3**. 245.
110. 12 : **2**. 218.
111. 1 : 155, 160, 176; **2**. 152.
111. 2 : 155, 218; **2**. 26, 53; **3**. 241.
111. 3 : 155, 161, 169, 188, 224; **2**. 251, 263 n, 276.
IX. 111. 6 : 304 n.
112. 1 : 127; **3**. 270.
112. 4 : **2**. 257 n.
113. : 85 n, 192.
113. 1 : 176 ; **2**. 196, 251.
113. 2 : 176, 182, 213 ; **2**. 166; **3**. 245, 266.
113. 3 : **2**. 492, 493 n; **3**. 27, 66.
113. 4 : **2**. 166; **3**. 266.
113. 5 : vi n; **2**. 25.
113. 8 : 85[2], 86; **3**. 208 n.
113. 9 : 178; **2**. 121.
114. 1 : **3**. 213 n, 222, 239.
114. 2 : 173, 224.
114. 3 : **2**. 122 n, 132 ; **3**. 98, 102.
114. 4 : 182.

MAṆḌALA X

X. 1. 1 : 16; **2.** 16.

1. 2 : 17; **2.** 4, 48.

1. 3 : 22; **2.** 16, 416.

1. 4 : **2.** 62, 63.

1. 5 : 140; **2.** 426 n.

1. 6 : 323, 324; **2.** 11, 55, 92.

1. 7 : 71, 238; **2.** 5.

1. 14 : **2.** 504.

2. 1 : 102.

2. 2 : 39; **2.** 450; **3.** 230.

2. 3 : **3.** 175.

2. 4 : **3.** 175, 221, 254.

2. 5 : **3.** 175.

2. 7 : 21, 78 n; **2.** 5, 17; **3.** 48.

3. 1 : **2.** 381.

3. 2 : **2.** 16, 111, 112 n.

3. 3 : **2.** 16.

3. 5 : 166.

3. 6 : 43, 144; **2.** 406.

3. 7 : 118.

4. 1 : **2.** 351.

4. 2 : 118; **3.** 286.

4. 3 : **2.** 444 n.

4. 4 : **2.** 85 n, 86, 481.

4. 5 : **2.** 6, 17, 30, 65 n, 358.

4. 6 : **2.** 10, 283 n, 362[2].

4. 7 : **2.** 10, 274 n.

5. 1 : 33, 229; **2.** 52, 59, 89.

X. 5. 2 : 98; **2.** 76; **3.** 224, 233.

5. 3 : **2.** 4; **3.** 81, 226.

5. 4 : **3.** 242.

5. 5 : **2.** 60, 89, 132, 422, 423.

5. 6 : 60; **2.** 107, 142 n.

5. 7 : 38, 109, 113, 140, 142; **3.** 93, 229.

6. 1 : **2.** 10 n.

6. 2 : 143; **3.** 230.

6. 3 : **2.** 14.

6. 4 : 72, 145; **2.** 262 n[2].

6. 9 : 279 n.

7. 1 : 308.

7. 3 : 115.

7. 4 : **3.** 230.

7. 5 : 62; **2.** 55.

7. 6 : **3.** 176.

8. 1 : 15, 142; **2.** 6, 17.

8. 2 : 142; **2.** 441 n.

8. 3 : 144, 155; **2.** 4, 68, 75, 80; **3.** 242.

8. 4 : **2.** 14, 123, 131, 142; **3.** 120[2], 121, 217, 231.

8. 5 : 73; **2.** 20; **3.** 120, 121, 169, 260.

8. 6 : **2.** 81.

8. 7 : **2.** 278, 326, 329, 330.

8. 8 : **2.** 150 n, 326, 329, 330; **3.** 48, 63 n.

X. 8. 9 : **2**. 329; **3**. 48, 63 n.
9. : 254.
9. 2 : 260; **2**. 46.
9. 3 : 260; **2**. 46.
9. 5 : 253.
9. 6 : 253; **2**. 16.
9. 7 : 253.
9. 8 : 254; **3**. 174, 265.
9. 9 : **3**. 185.
10. : 90 n; **2**. 96.
10. 1 : **2**. 97.
10. 2 : **2**. 62, 97; **3**. 85, 333.
10. 3 : 90; **3**. 333.
10. 4 : 37; **2**. 97, 493; **3**. 64, 266.
10. 5 : **2**. 493; **3**. 40², 221, 253, 333.
10. 6 : **3**. 213 n, 256.
10. 8 : **3**. 166.
10. 9 : **2**. 97; **3**. 168.
10. 10 : **2**. 97.
10. 12 : **2**. 97.
10. 13 : **2**. 482.
10. 14 : **2**. 97.
11. 1 : 40; **2**. 99; **3**. 95 n. 131 n, 198.
11. 2 : 140, 206; **3**. 65, 96.
11. 3 : 67, 132; **2**. 15.
11. 4 : 114, 155, 292; **2**. 9, 215, 406.
11. 5 : 66.
11. 6 : 5 n, 42; **2**. 4, 216; **3**. 84, 315.
11. 9 : 196 n, 237.
12. 1 : **2**. 60; **3**. 72, 199, 254.
12. 2 : 42; **3**. 231.
X. 12. 3 : 105, 197 n; **2**. 20, 121.
12. 4 : 96 n; **3**. 73.
12. 5 : **2**. 405 n, 447 n; **3**. 169, 221, 263.
12. 6 : 90; **2**. 98 n.
12. 7 : 87 n, 157.
12. 8 : **3**. 160.
13. 1 : 36 n, 97, 98 n, 194, 196 n, 293; **2**. 284 n; **3**. 212 n, 213 n.
13. 2 : 239.
13. 3 : 283, 285, 290, 318; **2**. 63, 78, 126; **3**. 242.
13. 4 : 90, 300.
13. 5 : **2**. 47, 383; **3**. 233.
14. 1 : 85, 86, 90, 280.
14. 2 : 94².
14. 3 : 94, 95, 303; **2**. 237, 238 n.
14. 4 : 85, 94; **2**. 284 n.
14. 5 : 86, 94.
14. 6 : 49², 53, 94, 96; **2**. 145, 307, 308.
14. 7 : 94; **3**. 208 n.
14. 8 : 85, 95; **3**. 208 n.
14. 9 : 94.
14. 10 : 93; **2**. 317, 508.
14. 11 : 85, 93²; **2**. 508.
14. 12 : 92, 93²; **2**. 427 n, 317, 507, 508; **3**. 73.
14. 14 : 92.
14. 15 : 94.
14. 16 : 85 n, 178; **2**. 122², 122 n, 127, 128; **3**. 22, 208 n.

X. 15. 1 : 83, 96 ; **2**. 386 ; **3**. 73, 232.
15. 2 : 84 n ; **2**. 118, 386.
15. 3 : 95 ; **2**. 415 n.
15 5 : 95 ; **2**. 439 n.
15. 6 : 95 ; **3**. 176, 177.
15. 7 : 95.
15. 8 : 50, 86, 94², 96.
15. 9 : **2**. 472 ; **3**. 182 n, 186.
15. 10 : 94, 96 ; **2**. 472 ; **3**. 182 n, 186.
15. 12 : 95.
15. 13 : 94 n.
15. 14 : 77, 79, 84 ; **3**. 73.
16. : 79.
16. 1 : 83 ; **2**. 472.
16. 2 : 96, 96 n ; **3**. 73.
16. 3 : 34, 75, 76, 83, 84, 100 ; **3**. 232.
16. 4 : 20 n, 83.
16. 5 : 95², 96 n.
16. 6 : 80 n, 192.
16. 7 : 84 n.
16. 9 : 78, 85.
16. 10 : 78² ; **2**. 472 n.
16. 11 : 78, 81 ; **3**. 232.
16. 12 : 78.
16. 13 : 84 n.
16. 14 : 84, 84 n ; **2**. 472.
17. 1 : 86 ; **2**. 62, 98, 317, 318, 488, 506 ; **3**. 49.
17. 2 : 86 ; **2**. 62, 71, 98, 317, 318, 448, 506, 507 ; **3**. 49, 79 n.
17. 3 : 83 ; **2**. 421, 424, 429 n.
X. 17. 5 : **2**. 421.
17. 6 : **2**. 426.
17. 7 : 328 ; **2**. 317.
17. 8 : 328 ; **2**. 317.
17. 9 : 324, 328 ; **2**. 317.
17. 9 : **2**. 317 ; **3**. 285.
17. 10 : 254², 260 ; **2**. 46 ; **3**. 174.
17. 11 : 171 ; **2**. 132.
17. 12 : 148, 171.
17. 13 : 171.
17. 14 : 155, 254, 260, 309.
18. 1 : 78 n.
18. 8 : 78 n.
18. 10-13 : 77.
18. 10 : 127.
18. 13 : 91 n ; **3**. 123.
19. 1 : 157, 167 ; **2**. 264.
19. 8 : **2**. 126.
20. 2 : **2**. 68 ; **3**. 218, 235.
20. 3 : **2**. 242.
20. 4 : 71.
20. 5 : **2**. 408.
20. 6 : 145, 267.
20. 7 : 59 ; **2**. 17, 407 n.
20. 8 : **2**. 242.
20. 9 : 160 n ; **2**. 98 ; **3**. 5.
20. 10 : **2**. 483.
21. : **2**. 483 n.
21. 2 : **2**. 399 n.
21. 3 : 160 n ; **2**. 9.
21. 5 : 40, 50, 55, 87, 88.
21. 7 : 65 n ; **3**. 169.
21. 8 : **2**. 49.
22. 1 : **2**. 310 n.
22. 2 : 27.
22. 4 : **2**. 171, 258 ; **3**. 69.
22. 5 : **2**. 171, 258, 284 n.

X. 22. 6 : **2**. 338, 339.
22. 7 : **2**. 214 n, 215, 334.
22. 8 : **2**. 208, 214², 215; **3**. 203, 246.
22. 10 : **2**. 196.
22. 11 : **2**. 310, 334; **3**. 203.
22. 14 : **2**. 334, 337.
23. 1 : **2**. 258; **3**. 247 n.
23. 2 : **2**. 208, 257, 258, 260, 412.
23. 4 : 26, 260; **2**. 166, 184 n, 256 n.
23. 5 : **2**. 277, 278.
23. 6 : **2**. 483.
23. 7 : **2**. 483.
24. 1 : **2**. 483 n.
24. 2 : **2**. 483 n.
24. 3 : **2**. 483 n.
24. 4 : **2**. 484, 503, 509 n; **3**. 7, 82.
24. 5 : **2**. 503.
24. 6 : **2**. 503.
25. : **2**. 483 n.
25. 1 : 150; **3**. 307, 318.
25. 2 : 175; **3**. 212 n.
25. 3 : **3**. 173, 176, 221, 239.
25. 4 : 153, 298.
25. 5 : 219; **2**. 460.
25. 6 : **2**. 428.
25. 8 : 69 n; **3**. 189.
25. 9 : **2**. 263, 267.
25. 10 : **2**. 480.
25. 11 : **2**. 498.
26. 2 : 171 n; **2**. 428.
26. 3 : **2**. 424, 428.
26. 4 : **2**. 425.
26. 5 : 65 n; **2**. 425, 426.
X. 26. 7 : **2**. 425 n; **3**. 198.
26. 8 : **2**. 427.
26. 9 : **2**. 237.
27. 1 : **3**. 202.
27. 2 : 261; **2**. 173, 242, 243.
27. 3 : 261; **2**. 257 n.
27. 4 : **3**. 60.
27. 6 : **2**. 366.
27. 8 : **2**. 88 n, 271.
27. 9 : **2**. 271.
27. 10 : **2**. 212; **3**. 203.
27. 11 : **2**. 269, 271.
27. 12 : **2**. 269, 271.
27. 13 : **2**. 60, 67, 73 n, 86 n.
27. 14 : **2**. 72, 73², 86.
27. 15 : **2**. 125, 149 n.
27. 16 : **2**. 45, 75.
27. 17 : 234 n, 261; **2**. 175, 238, 242.
27. 18 : 11.
27. 19 : **3**. 268 n.
27. 21 : 22, 181, 255; **2**. 253 n.
27. 22 : **2**. 59, 182.
27. 23 : 178, 220.
28. 1 : **2**. 251, 269 n.
28. 3 : 261; **2**. 242, 243².
28. 4 : **2**. 173, 220.
28. 5 : **3**. 176.
28. 6 : 210; **2**. 164, 170, 236.
28. 7 : **2**. 198, 201, 203, 208, 239.
28. 8 : **2**. 75.
28. 9 : **2**. 173³.
29. 1 : 283.
29. 2 : **2**. 305 n, 335.

X. 29. 4 : 136 n; **3.** 182 n.
29. 5 : 82; **2.** 187, 269 n.
29. 7 : **3.** 309.
29. 8 : **2.** 171.
30. : **2.** 18, 37.
30. 1 : 312.
30. 2 : **2.** 37.
30. 3 : **2.** 36.
30. 4 : 28; **2.** 19, 36, 41, 165.
30. 5 : **2.** 37.
30. 6 : **2.** 19, 37.
30. 7 : **2.** 36, 186.
30. 8 : **2.** 36, 37.
30. 9 : 211; **2.** 36, 40, 243.
30. 10 : 255, 260; **2.** 36, 37.
30. 11 : 260; **3.** 223, 243.
30. 12 : 198, 326; **3.** 318.
30. 13 : 260; **2.** 36, 41.
30. 14 : **2.** 36.
31. 1 : 307[2].
31. 2 : **3.** 254.
31. 3 : **2.** 425.
31. 4 : **3.** 39.
31. 6 : **3.** 85 n.
31. 8 : 161, 200, 202 n; **2.** 22, 79.
31. 9 : 26; **3.** 136.
31. 10 : 315; **2.** 59.
31. 11 : **2.** 85, 464, 465; **3.** 242.
32. 1 : **2.** 24, 269 n.
32. 3 : **2.** 45, 269; **3.** 314, 335.
32. 4 : **2.** 132.
32. 6 : **2.** 17, 75, 195; **3.** 235.
32. 7 : 137.
X. 32. 8 : 159; **2.** 85; **3.** 173.
32. 9 : 149.
33. 2 : **2.** 362 n.
33. 3 : **3.** 204.
33. 4 : **2.** 305.
33. 5 : **2.** 305.
33. 9 : **2.** 233; **3.** 221, 255.
34. : **3.** 177.
34. 1 : **3.** 124 n.
34. 2 : **3.** 270.
34. 5 : **3.** 314.
34. 8 : **2.** 46; **3.** 253.
34. 9 : **3.** 124 n.
34. 10 : **3.** 164.
34. 12 : **3.** 265.
35. 1 : **2.** 15.
35. 2 : 206, 260; **2.** 46; **3.** 167.
35. 3 : 238.
35. 5 : **2.** 2.
35. 6 : **2.** 432.
35. 8 : **3.** 167, 265.
35. 9 : **3.** 108.
35. 10 : 102; **2.** 132[2].
35. 11 : **2.** 236, 429 n.
35. 12 : **3.** 108.
35. 13 : **2.** 371, 377.
36. 1 : **3.** 100.
36. 2 : **3.** 226.
36. 3 : **3.** 95, 101, 161 n.
36. 4 : 281; **2.** 218; **3.** 100.
36. 5 : 299[2].
36. 6 : **2.** 259 n.
36. 8 : 223; **2.** 37 n, 255; **3.** 14.
36. 9 : **3.** 195.
36. 10 : 67.
36. 12 : **3.** 156, 217[2], 218.

X. 36. 13 : **3.** 219, 258.
36. 14 : **2.** 125.
37. 1 : **2.** 1; **3.** 117, 222, 251.
37. 2 : 297, 314; **3.** 186.
37. 3 : 7; **2.** 118 n, 331, 423; **3.** 119.
37. 4 : 8; **3.** 43.
37. 5 : **3.** 223, 225, 168.
37. 7 : **3.** 169.
37. 8 : 6.
37. 9 : **3.** 169.
37. 11 : 117 n.
37. 12 : **3.** 176, 194.
38. 1 : **2.** 172.
38. 2 : **2.** 172, 180.
38. 3 : **2.** 209, 216.
38. 5 : **2.** 272 n, 338 n.
39. : **2.** 485.
39. 1 : **2.** 500, 505.
39. 2 : **2.** 477, 478 n; **3.** 296.
39. 3 : **2.** 435, 450, 453 n, 460.
39. 4 : **2.** 481; **3.** 10, 14 n.
39. 5 : **2.** 166 n, 436.
39. 6 : **2.** 485.
39. 7 : **2.** 476, 478, 484[2].
39. 8 : **2.** 482, 489; **3.** 18.
39. 9 : **2.** 470[2]; **3.** 19[2].
39. 10 : **2.** 452.
39. 11 : **2.** 489; **3.** 38 n, 120 n, 161 n.
39. 12 : 86, 88, 249; **2.** 410, 442 n, 445, 500.
39. 13 : **2.** 435, 445, 474.
39. 14 : 52; **2.** 268 n, 284 n, 360, 445.
X. 40. : **2.** 485.
40. 1 : **2.** 284 n, 406 n, 431.
40. 2 : **2.** 231 n, 446 n, 474, 500.
40. 3 : **3.** 297.
40. 4 : **2.** 232 n, 500.
40. 5 : **2.** 485[2], 500.
40. 6 : 146; **2.** 231 n, 337 n[2], 446 n, 448 n, 496 n.
40. 7 : **2.** 301 n, 338, 339 n, 448 n, 449; **3.** 16 n.
40. 8 : **2.** 140, 435[2], 450, 474.
40. 9 : **2.** 86, 445.
40. 10 : **2.** 84, 445.
40. 11 : 74; **2.** 51, 85 n, 445, 502 n.
40. 12 : **2.** 502 n.
40. 14 : 126.
41. 1 : **2.** 431, 501, 505, 509.
41. 2 : **2.** 434, 502.
42. 1 : **2.** 278.
42. 2 : **2.** 232[2], 268.
42. 3 : 297.
42. 4 : **2.** 173, 174.
42. 5 : **2.** 173, 198, 298, 421 n.
42. 6 : **2.** 171.
42. 7 : 297; **2.** 177, 179.
42. 9 : **2.** 175[2].
42. 10 : **2.** 174, 177.
42. 11 : 303; **2.** 127, 205 n.
43. 1 : **2.** 268.
43. 3 : **2.** 134, 165.
43. 4 : 68, 218, 225; **2.** 187, 213, 246, 266.

X. 43. 5 : **2**. 175[2], 188.
43. 6 : 317 ; **2**. 266, 278 n.
43. 7 : 154, 164; **2**. 185 n, 245[3], 246, 250.
43. 8 : 68; **2**. 47, 186, 188, 211 ; **3**. 203.
43. 9 : **2**. 160; **3**. 248.
44. 1 : **3**. 247.
44. 2 : **2**. 172, 250, 261 n[2], 262.
44. 4 : **2**. 250.
44. 5 : **3**. 247.
44. 6 : **2**. 259, 260.
44. 8 : 241 ; **2**. 194, 277.
44. 9 : **2**. 239, 254.
45. : **2**. 153.
45. 1 : 21, 104; **2**. 17, 154.
45. 2 : 21 ; **2** 17, 135, 154; **3**. 212 n.
45. 3 : 21 ; **2**. 17, 83 n, 118, 124, 155, 242.
45. 4 : 15; **2**. 4; **3**. 289.
45. 5 : 42 ; **2**. 10, 14, 154.
45. 6 : 120; **2**. 4, 137, 154, 156, 294.
45. 7 : 57, 71.
45. 8 : 101 n; **2**. 5, 154, 322.
45. 10 : 28.
45. 11 : 134; **2**. 154, 322.
46. 1 : 20; **2**. 20, 464.
46. 2 : 55[2], 58; **2**. 17, 75.
46. 3 : **2**. 17, 82, 328.
46. 4 : 58.
46. 5 : 41, 42; **2**. 6.
46. 6 : **3**. 218 n, 326.
46. 7 : 166.
46. 8 : 42, 62.
X. 46. 9 : 21, 54, 56, 67; **2**. 5, 17 ; **3**. 48.
46. 10 : 118.
47. : **2**. 175.
47. 1 : **2**. 177, 232.
47. 2 : **2**. 138, 176[2].
47. 3 : 126 ; **2**. 290.
47. 4 : 126 n ; **2**. 176, 211, 290.
47. 5 : 126 n ; **2**. 178, 290.
47. 6 : **2**. 145, 147, 148, 313 ; **3**. 240.
47. 7 : 290, 309 ; **2**. 279, 284.
48. 1 : **2**. 172.
48. 2 : 49, 52 ; **2**. 204, 209, 321, 322, 329, 458[2].
48. 3 : **2**. 161 ; **3**. 45, 49, 76.
48. 4 : **2**. 252.
48. 5 : **2**. 230, 352.
48. 6 : **2**. 171.
48. 7 : **2**. 171.
48. 8 : **2**. 199, 344.
48. 9 : **2**. 345, 346 n.
48. 10 : **2**. 459 ; **3**. 183, 193.
48. 11 : **2**. 162[2] ; **3**. 99, 221, 247, 256.
49. 1 : **2**. 226, 274.
49. 2 : **2**. 258; **3**. 247 n.
49. 3 : **2**. 210, 213, 305, 335.
49. 4 : **2**. 300, 306, 333, 497; **3**. 16, 16 n[2].
49. 5 : 61 ; **2**. 224, 304[2], 323.
49. 6 : **2**. 207, 208, 210, 223.

X. 49. 7 : 70; **2**. 149 n, 161, 210, 325.
49. 8 : **2**. 142 n, 146 n, 149 n, 324 n, 357.
49. 9 : 68; **2**. 134, 184, 325.
49. 10 : **2**. 83 n; **3**. 48.
49. 11 : **3**. 77.
50. 1 : **2**. 163.
50. 2 : **2**. 202 n, 347.
50. 3 : **3**. 75 n, 315.
50. 4 : 297; **2**. 275.
50. 5 : **2**. 250.
50. 6 : **2**. 164; **3**. 217, 235.
51. 1 : **2**. 17.
51. : 100; **2**. 112, 293.
51. 1 : 89, 111; **2**. 84, 85.
51. 2 : 89, 111; **2**. 84.
51. 3 : 89, 110; **2**. 13, 17, 84.
51. 4 : 110.
51. 5 : 70, 101, 111.
51. 6 : 110; **2**. 84.
51. 7 : 110, 111, 143; **2**. 84.
51. 8 : 110, 173; **2**. 8, 12, 84.
51. 9 : 111; **2**. 125.
52. : 111; **2**. 293.
52. 1-5 : 111.
52. 2 : **2**. 371, 381, 509.
52. 3 : 89, 116, 159.
52. 4 : **2**. 84 n, 149.
52. 5 : **2**. 294[2].
52. 6 : 105; **2**. 12, 147 n.
53. 1 : 44, 109.
53. 3 : **2**. 75, 84 n.
53. 4 : 136; **2**. 139; **3**. 68.
X. 53. 5 : **2**. 139.
53. 6 : 32 n, 69, 70, 298, 311.
53. 7 : **2**. 259 n, 345 n.
53. 8 : 258.
53. 9 : **2**. 333; **3**. 48, 49, 81.
53. 10 : 96, 194 n, 195 n, 266; **2**. 76; **3**. 186.
53. 11 : **2**. 27, 69 n.
54. 1 : **2**. 210, 234.
54. 2 : **2**. 170; **3**. 83, 325.
54. 3 : **2**. 45, 162.
54. 4 : **2**. 124, 162; **3**. 74, 203.
54. 6 : 98 n; **2**. 187.
55. : **2**. 196.
55. 1 : 214 n; **2**. 162, 234.
55. 2 : 272; **2**. 138, 162.
55. 3 : 2, 271, 272; **2**. 150 n, 259; **3**. 248 n.
55. 4 : 314[2]; **2**. 12, 107; **3**. 71, 71 n.
55. 5 : 159, 233, 233 n; **2**. 84.
55. 6 : 272; **3**. 183 n.
55. 7 : 214 n; **2**. 199, 237, 239; **3**. 245.
55. 8 : 272; **2**. 210, 250, 263.
56. : 272.
56. 1 : 94, 180, 221, 274; **2**. 39 n, 76 n, 124; **3**. 212 n.
56. 2 : 274; **2**. 504 n; **3**. 198.
56. 3 : 274; **3**. 183 n, 222, 237.

X. 56. 4 : 95, 97, 99.
56. 5 : 98, 99 ; **3**. 213 n, 222, 232.
56. 6 : 98, 99, 113, 184 ; **3**. 85.
57. 1 : 67 n, 109, 124.
57. 2 : 109.
57. 3 : 152, 293, 308.
57. 6 : 152 ; **3**. 219, 239.
58. : 76.
58. 1 : 85, 86 ; **3**. 208 n.
58. 3 : **2**. 126.
58. 4 : **2**. 125.
59. : **2**. 482 n.
59. 1 : **2**. 481, 481 n.
59. 4 : 152.
59. 5 : 96; **2**. 242; **3**. 73.
59. 6 : 96; **3**. 73.
59. 7 : 152.
59. 8 : **2**. 481 n[2], 482 n ; **3**. 226.
59. 9 : **2**. 136.
60. : **2**. 482 n.
60. 4 : **2**. 139, 301 ; **3**. 246.
60. 6 : **2**. 319 n, 394.
60. 7 : **2**. 482 n[2].
60. 10 : 86; **2**. 481 n.
60. 11 : **2**. 61, 90.
61. 1 : **2**. 132[2], 300 n, 386.
61. 2 : 114; **2**. 481 n, 482.
61. 3 : 6 n, 203[2]; **2**. 449 n, 482.
61. 4 : 248, 250 ; **2**. 500.
61. 6 : **2**. 109, 112.
61. 7 : 291; **2**. 109[2], 398 ; **3**. 240.
61. 8 : **2**. 398, 496 n.
X. 61. 9 : **3**. 298 n.
61. 10 : **2**. 145, 309; **3**. 233, 265.
61. 11 : **2**. 110, 111, 309 ; **3**. 233.
61. 13 : **2**. 334[2], 465.
61. 14 : 23; **3**. 231.
61. 15 : 66; **2**. 431, 436 n ; **3**. 11 n, 38 n.
61. 16 : **2**. 480.
61. 17 : **2**. 73.
61. 18 : 37 n.
61. 19 : 37 n, 38; **3**. 229.
61. 20 : 231; **2**. 66 n.
61. 23 : **2**. 317.
61. 24 : **2**. 317, 444 n.
61. 25 : **3**. 296.
61. 26 : **2**. 481 n, 482 n.
62. : **2**. 312.
62. 1 : 127; **2**. 308.
62. 2 : 134; **2**. 308, 320 ; **3**. 233.
62. 3 : **3**. 233.
62. 4 : 237.
62. 5 : 48.
62. 6 : 48; **2**. 145[2], 148[2], 307, 308.
62. 8 : 69.
62. 9 : 127.
62. 10 : **2**. 209, 356.
62. 11 : 69, 127.
62. 20 : **2**. 83 n.
63. : **3**. 100.
63. 1 : 67 ; **2**. 324 n[2].
63. 2 : **3**. 90.
63. 3 : **3**. 90, 234.
63. 4 : 96; **2**. 205 n; **3**. 199

X. 63. 5 : **3**. 198.
63. 6 : 69.
63. 7 : 65 ; **2**. 134.
63. 8 : **3**. 156, 173 n.
63. 10 : **2**. 260 ; **3**. 91 n, 199 n.
63. 11 : **3**. 183 n.
63. 13 : **3**. 256.
63. 14 : **2**. 260.
63. 17 : **2**. 235 ; **3**. 100.
63. 22 : **2**. 142 n.
64. 1 : **3**. 208.
64. 2 : **2**. 40 ; **3**. 208, 306.
64. 3 : 25, 85, 103, 158, 305, 308 ; **2**. 326, 432.
64. 4 : 301 ; **2**. 205[2], 273 ; **3**. 23.
64. 5 : **2**. 40, 146 ; **3**. 92 n, 93, 102 n, 258.
64. 6 : 147.
64. 7 : **2**. 478, 478 n ; **3**. 217, 308.
64. 8 : 157 ; **2**. 135, 141 ; **3**. 30, 31.
64. 9 : 260, 326 ; **2**. 46.
64. 10 : 306, 319 ; **2**. 405, 413 n ; **3**. 47.
64. 11 : 324 ; **2**. 370.
64. 12 : 309 ; **2**. 386.
64. 13 : **2**. 385 ; **3**. 91 n, 223.
64. 14 : 238.
64. 15 : 299, 320, 322 n, 323.
64. 16 : 299, 300, 301 ; **3**. 254.
65. 1 : **2**. 383 ; **3**. 95 n, 104 n.
X. 65. 2 : **2**. 295[2].
65. 3 : **3**. 254, 255.
65. 4 : 207 n, 237.
65. 5 : **3**. 213 n, 261.
65. 6 : 88, 310 ; **3**. 262.
65. 7 : 107, 237 ; **2**. 293 ; **3**. 233, 255.
65. 8 : 238 ; **3**. 225, 226 n, 301.
65. 9 : **2**. 142 n, 264 n ; **3**. 28, 91, 102.
65. 10 : 234 ; **2**. 205 n, 291, 413 n ; **3**. 55 n.
65. 11 : **2**. 215 ; **3**. 255.
65. 12 : **2**. 59, 462, 476, 484 ; **3**. 17.
65. 13 : 252, 327[2] ; **2**. 478[2] ; **3**. 21, 22.
65. 14 : **2**. 478 ; **3**. 255.
65. 15 : 50.
66. 1 : **2**. 192 n ; **3**. 255.
66. 2 : **2**. 385 ; **3**. 132.
66. 3 : **3**. 47, 99, 101, 152.
66. 4 : **2**. 418 ; **3**. 90 n, 99, 254.
66. 5 : 291, 327 n ; **3**. 256.
66. 6 : **3**. 226.
66. 7 : 167, 234 ; **2**. 264.
66. 8 : 234, 319 ; **3**. 199, 255.
66. 9 : 237 ; **3**. 249.
66. 10 : **2**. 264 n, 411 n ; **3**. 28.
66. 11 : 255[2] ; **2**. 205[2] ; **3**. 21, 23.
66. 12 : 69 ; **3**. 99.
66. 13 : 234[2] ; **3**. 223, 241.
66. 14 : 50.

X. 67. : 303; **2**. 313.
67. 1 : 294, 300, 304; **2**. 81, 143 n, 147, 149, 152; **3**. 241.
67. 2 : 303; **2**. 292, 308, 313; **3**. 186, 213 n[2], 232, 233.
67. 3-7 : **2**. 292.
67. 3 : 146, 303; **2**. 313.
67. 4 : 263, 303, 314, 322[2]; **3**. 240.
67. 5 : 263, 279 n, 280, 294, 301, 302, 303, 313; **2**. 3.
67. 6 : 303; **2**. 320[2], 320 n, 321.
67. 7 : 146 n, 303; **2**. 43, 313, 321, 471; **3**. 182 n, 186.
67. 8 : 303; **2**. 313; **3**. 182 n, 186.
67. 9 : **2**. 273.
67. 10 : **2**. 273.
67. 12 : **2**. 134, 140, 222.
68. 1 : 280, 282.
68. 2 : **2**. 313; **3**. 135.
68. 3 : 301.
68. 4 : 241, 279 n, 280, 301, 302; **2**. 79, 226; **3**. 240.
68. 5 : 26, 301; **2**. 320, 321.
68. 6 : 302[2]; **2**. 320 n, 321.
68. 7 : 317 n; **2**. 74.
68. 8 : 258.
68. 9 : 301, 302; **2**. 320, 320 n, 321.
X. 68. 10 : 157, 301; **2**. 320, 321.
68. 11 : 4, 135, 303.
68. 12 : 301.
69. 1 : **2**. 8.
69. 2 : 13; **2**. 8[3], 242.
69. 3 : 65.
69. 4 : **2**. 343.
69. 5 : 45 n; **2**. 343.
69. 6 : **2**. 198 n, 209 n, 294.
69. 7 : **2**. 408.
69. 8 : 127; **2**. 179 n.
69. 9 : 45 n, 118; **2**. 294, 343.
69. 12 : **2**. 294[2].
70. : 234 n, 305 n, 322[2].
70. 1 : 323; **2**. 9.
70. 2 : 308; **3**. 230.
70. 3 : 72.
70. 6 : 250.
70. 7 : **3**. 96, 212 n.
70. 8 : 66, 325.
70. 9 : **2**. 308.
70. 10 : 268, 269.
71. 1 : 299 n; **2**. 75.
71. 2 : 283; **2**. 75.
71. 3 : 295; **2**. 75, 144, 146; **3**. 19.
71. 4 : 310; **2**. 94.
71. 5 : 310; **2**. 94; **3**. 80.
71. 7 : 296.
71. 8 : 296; **2**. 243 n.
71. 9 : 296.
71. 10 : 296.
71. 11 : 124.
72. 1 : 304.
72. 2 : 304; **2**. 76.

X. 72. 3 : **2**. 76.
72. 4 : **2**. 113²; **3**. 93.
72. 5 : 194; **3**. 93.
72. 7 : 132; **2**. 3, 322 n.
72. 8 : **2**. 71, 137 n; **3**. 104, 107.
72. 9 : **2**. 71, 137 n; **3**. 104, 107.
73. 1-9 : **2**. 380.
73. 1 : **2**. 238, 391, 401; **3**. 105.
73. 2 : **2**. 110, 110 n, 273, 380, 391, 398, 400, 401; **3**. 183.
73. 3 : **2**. 220 n, 238, 391.
73. 5 : **2**. 187, 210, 310; **3**. 80, 223, 244.
73. 6 : **2**. 192, 310.
73. 7 : 68; **2**. 210, 325, 346 n; **3**. 80.
73. 8 : **2**. 161.
73. 10 : **2**. 164.
73. 11 : 146; **2**. 303.
74. 1-4 : **2**. 311 n.
74. 1 : 147, 187; **3**. 315.
74. 2 : 291, 293; **2**. 234.
74. 3 : 293; **2**. 234.
74. 4 : 134; **2**. 72 n, 234, 323, 363.
74. 5 : **2**. 172, 412.
74. 6 : **2**. 161, 196.
75. 1 : 87; **2**. 136.
75. 2 : **3**. 127.
75. 3 : 256.
75. 4 : 256.
75. 5 : 176, 326, 327; **2**. 364, 372.
75. 6 : 320.
X. 75. 7 : 258; **3**. 197 n.
75. 8 : 260.
75. 9 : **2**. 460; **3**. 197 n.
76. 1 : 249; **2**. 239.
76. 2 : 224.
76. 3 : 68.
76. 4 : 281; **2**. 447 n.
76. 6 : 281, 283.
76. 7 : 155, 225, 283.
76. 8 : **3**. 211 n.
77. : **2**. 371.
77. 1 : **2**. 384, 386.
77. 2 : **2**. 376, 379, 380, 388, 396; **3**. 34, 100.
77. 3 : **2**. 3, 371, 388.
77. 4 : **2**. 374.
77. 5 : **2**. 379³, 384.
77. 7 : 279 n.
77. 8 : **3**. 100 n.
78. 1 : **2**. 384, 388.
78. 2 : **2**. 375, 376, 383, 386; **3**. 222, 252.
78. 3 : 306, 308; **2**. 94, 373, 375, 377, 384.
78. 4 : **2**. 369, 372, 373, 384, 388.
78. 5 : **2**. 312, 377, 379, 384.
78. 6 : **2**. 382, 396, 397, 398 n.
78. 7 : **2**. 373, 376, 379.
79. 1 : 19.
79. 2 : 30; **3**. 106 n.
79. 3 : **2**. 60, 78², 79, 83, 89.
79. 4 : **2**. 7; **3**. 265.
79. 5 : 12 n, 156; **3**. 169,

X. 79. 6 : **2**. 86, 97 n ; **3**. 199 n.
79. 7 : 17, 143 ; **2**. 6.
80. 1 : 71, 126 ; **2**. 479, 498.
80. 2 : **2**. 5, 294.
80. 3 : **2**. 470, 498.
80. 4 : 19, 71, 126 ; **3**. 212 n.
80. 5 : 146.
80. 6 : 68 ; **2**. 8, 324 n ; **3**. 252.
80. 7 : **2**. 408.
81. : **2**. 47.
81. 1 : **2**. 101 n, 104[2].
81. 5 : **2**. 101 n ; **3**. 212 n, 213 n.
81. 6 : **2**. 101 n, 242.
81. 7 : 300 n ; **2**. 101 n.
82. : 132.
82. 1 : **2**. 101 n.
82. 2 : **2**. 101 n, 144[2], 145, 412 ; **3**. 72.
82. 3 : **2**. 101 n, 104 ; **3**. 211 n, 212 n[2], 216 n.
82. 4 : **3**. 72.
82. 5 : **2**. 47 ; **3**. 68.
82. 6 : 35, 36, 99 ; **2**. 47, 101, 103 ; **3**. 21.
82. 7 : **3**. 73.
83. : **2**. 48.
83. 1 : **2**. 209.
83. 2 : **3**. 132, 137 n.
83. 7 : **2**. 198 n.
84. 1 : **2**. 377.
84. 5 : **2**. 48.
84. 6 : **2**. 48.
84. 7 : **3**. 138 n.
X. 85. : **2**. 389, 487, 487 n.
85. 1 : 138 n, 170 ; **3**. 258, 266.
85. 2 : 158, 213 ; **2**. 486.
85. 3 : 181 ; **2**. 423 n ; **3**. 86.
85. 4 : 181.
85. 5 : 158 ; **2**. 486.
85. 6 : **2**. 491.
85. 7 : **2**. 434 n, 492.
85. 8 : **2**. 486, 491.
85. 9 : **2**. 429, 486, 487 ; **3**. 50.
85. 10 : **2**. 491.
85. 11 : 187 ; **2**. 491.
85. 12 : **2**. 491.
85. 13 : 158 ; **2**. 487, 488, 491 ; **3**. 50.
85. 14 : **2**. 429, 486[2], 488, 501.
85. 15 : **2**. 124, 486, 501[2].
85. 16 : **2**. 124, 423 n, 492, 501[2] ; **3**. 334.
85. 18 : 158 ; **2**. 486.
85. 19 : 158 ; **2**. 486.
85. 20 : 194 n.
85. 21 : **2**. 484, 493.
85. 22 : **2**. 484, 493.
85. 24 : **2**. 488 ; **3**. 50, 236.
85. 25 : **2**. 488.
85. 26 : **2**. 429.
85. 36 : 123 ; **2**. 478 ; **3**. 50.
85. 37 : **2**. 429.
85. 38 : 123 ; **2**. 493.
85. 39 : **2**. 493.
85. 40 : **2**. 136, 429, 493 ; **3**. 67.

X. 85. 41 : **2**. 493; **3**. 67.
85. 47 : 53.
86. : 319; **2**. 271, 272, 282.
86. 4 : **3**. 60.
86. 5 : **2**. 270 n.
86. 9 : **2**. 388.
86. 10 : **3**. 245.
86. 14 : **2**. 242, 243.
86. 18 : **3**. 60
86. 19 : **2**. 210; **3**. 201.
86. 20 : **3**. 303.
86. 22 : **2**. 272, **3**. 60.
87. : **2**. 216 n, 217 [2].
87. 3 : 29; **2**. 217.
87. 4 : 311.
87. 6 : **2**. 217.
87. 9 : **2**. 217.
87. 10 : **2**. 142 n, 217.
87. 11 : **3**. 231.
87. 12 : 14, 50; **3**. 20 n, 189.
87. 13 : 123, 296, 311; **3**. 19, 192.
87. 14 : **3**. 72.
87. 15 : 123, 296; **3**. 192.
87. 17 : **2**. 71.
87. 18 : **3**. 160.
87. 20 : 31 n.
87. 21 : 31 n.
87. 24 : **3**. 192, 197.
88. : 115; **2**. 153.
88. 1 : 167; **3**. 216, 217, 218, 237.
88. 2 : 116; **2**. 75.
88. 3 : 116; **2**. 120.
88. 4 : 44; **2**. 155.
88. 5 : 116; **2**. 80, 143 n, 154.
X. 88. 6 : 116; **2**. 81, 154; **3**. 83.
88. 7 : **2**. 5, 155.
88. 8 : 133; **2**. 155.
88. 9 : **2**. 155.
88. 10 : 22, 113 [2]; **2**. 155.
88. 11 : 116; **3**. 99, 107 n.
88. 12 : 116; **2**. 16.
88. 13 : 116; **3**. 194.
88. 14 : 116, 140; **2**. 121, 154.
88. 15 : 95; **3**. 75.
88. 16 : **2**. 44, 81, 143 n, 154.
88. 17 : 233; **2**. 155.
88. 18 : 19, 28, 314.
88. 19 : 53; **2**. 154, 155.
89. 1 : **2**. 163.
89. 2 : **2**. 161.
89. 3 : 287; **3**. 202.
89. 4 : 240, 282; **2**. 193.
89. 5 : **3**. 182, 203.
89. 7 : **2**. 184, 186, 200, 202.
89. 8 : **3**. 110, 202, 221, 247, 263.
89. 9 : **3**. 202.
89. 10 : **2**. 186.
89. 11 : 27; **2**. 163.
89. 12 : **3**. 180 n; 202.
89. 13 : **2**. 164.
89. 14 : **2**. 218; **3**. 119 n.
89. 15 : **2**. 190.
89. 16 : **2**. 228, 275.
89. 17 : **3**. 11 n.
90. : 103, 126, 275.
90. 2 : 275; **2**. 109, 152.
90. 3 : 197; **2**. 136, 152; **3**. 23.

X. 90. 4 : **2**. 136, 152 ; **3**. 23.
90. 7 : 106 ; **2**. 47, 76.
90. 8 : 265 ; **2**. 47.
90. 9 : **2**. 47.
90. 13 : 34, 83, 158.
90. 14 : **2**. 47.
90. 15 : 275 ; **2**. 152.
90. 16 : 95, 97, 106 ; **2**. 42, n. 76, 308 ; **3**. 75, 232.
91. 1 : 40, 323 ; **2**. 293, 406, 406 n.
91. 2 : 145.
91. 3 : 30 n.
91. 4 : 13, 323.
91. 5 : 9, 14, 244.
91. 6 : 20 ; **2**. 6, 17.
91. 7 : 26.
91. 8 : 42 ; **2**. 8 ; **3**. 95 n.
91. 9 : 69.
91. 10 : 39 ; **3**. 235.
91. 12 : **2**. 10, 237.
91. 13 : **2**. 9.
91. 14 : 267 ; **2**. 8.
92. 1 : 144.
92. 2 : 118 ; **2**. 100.
92. 3 : 102 ; **2**. 379.
92. 4 : 320 ; **3**. 39, 224, 225.
92. 5 : 320 ; **2**. 505 n ; **3**. 33.
92. 6 : **2**. 370 ; **3**. 34, 104.
92. 7 : **2**. 239, 263, 385.
92. 8 : **2**. 331.
92. 10 : 49, 54, 184, 324 ; **2**. 321.
92. 11 : 85, 239, 308 ; **2**. 383, 388, 404, 413 n ; **3**. 55 n.
92. 12 : 57, 158 ; **2**. 205, 324 n, 341 ; **3**. 24.
X. 92. 13 : 25, n. 34 ; **2**. 18.
92. 14 : **3**. 92, 224.
92. 15 : 48.
93. 1 : 239.
93. 4 : 195 ; **2**. 505, 505 n ; **3**. 107 n.
93. 5 : 158 ; **2**. 205 ; **3**. 24.
93. 6 : **3**. 256.
93. 7 : **2**. 404 n, 436 n, 505 n ; **3**. 38 n, 208.
93. 8 : **2**. 412.
93. 12 : 285.
93. 14 : **2**. 342 n ; **3**. 71 n.
94. : 281.
94. 1 : 199, 281 ; **2**. 447 n.
94. 2 : 199.
94. 3 : 199, 267, 281.
94. 4 : 199 ; **2**. 456 n.
94. 5 : 221.
94. 6 : 224.
94. 7 : 224.
94. 8 : 224.
94. 9 : 155 ; **2**. 250.
94. 10 : 324.
94. 12 : 199, 205.
94. 14 : 185, 281.
95. : **2**. 71, 92[2].
95. 2 : 27.
95. 3 : **2**. 93, 94 ; **3**. 312.
95. 6 : **2**. 93.
95. 7 : **2**. 92.
95. 8 : **2**. 92, 93[2] ; **3**. 11 n, 12 n, 330[2].
95. 9 : 197 ; **2**. 92, 93 ; **3**. 312.
95. 10 : 251 ; **2**. 93[2].
95. 11 : **2**. 94.

X. 95. 14 : **2.** 92.
95. 16 : **2.** 62, 93, 128 n.
95. 17 : 50, 51 n; **2.** 92, 93.
95. 18 : **2.** 92.
96. : **2.** 160.
96. 3 : **2.** 255, 261 n, 262, 262 n.
96. 4 : **2.** 204.
96. 6 : **2.** 255[2].
96. 7 : **2.** 255[2].
96. 8 : **2.** 250, 444 n.
96. 11 : **2.** 76 n; **3.** 74 n.
96. 12 : **2.** 286 n, 306.
96. 13 : **2.** 245, 246.
97. : 123.
97. 1 : **3.** 212 n.
97. 2 : **2.** 81; **3.** 212 n.
97. 6 : **2.** 218 n.
97. 7 : 152.
97. 13 : 27.
97. 15 : 301.
97. 16 : **3.** 157, 185, 208 n.
97. 17 : **2.** 29.
97. 18 : 152.
97. 19 : 152, 301.
97. 22 : 152, 224.
98. : **2.** 241.
98. 1 : 303, 304; **2.** 383; **3.** 27, 100, 137 n.
98. 2 : 299, 303.
98. 3 : 298, 299, 303; **2.** 185.
98. 5 : 135, 254; **2.** 185.
98. 6 : 254; **3.** 76, 79.
98. 7 : 298, 299, 303; **2.** 185.
98. 8 : 46; **2.** 185; **3.** 27.
X. 98. 9 : 30, 107, 144.
98. 10 : 19; **2.** 185.
98. 11 : 71, 72.
98. 12 : **2.** 20, 217.
99. : **2.** 266 n.
99. 1 : **2.** 239.
99. 2 : 280; **2.** 144; **3.** 83, 107 n, 149, 219, 249.
99. 3 : **2.** 217 n.
99. 5 : **2.** 412 n, 497.
99. 6 : vii n; **2.** 142 n, 212, 220, 278 n, 330.
99. 7 : 68, 70 n, 174; **2.** 209, 211, 324 n[2]; **3.** 44, 202[2].
99. 8 : 174.
99. 9 : 174; **2.** 305, 306, 335.
99. 10 : **2.** 164; **3.** 81, 83.
99. 11 : 58; **2.** 347, 348[2], 349.
99. 12 : 146; **3.** 74 n.
100. : **3.** 160.
100. 2 : 172; **2.** 99.
100. 3 : **3.** 176, 186.
100. 5 : 68, 70 n, 138, 299, 300, 303, 304; **2.** 274, 291.
100. 6 : 42.
100. 7 : **3.** 266.
100. 8 : 199; **3.** 42, 43.
100. 9 : 199.
100. 10 : 276, 315; **2.** 70; **3.** 242.
101. 1 : 116; **3.** 331.

X. 101. 2 : 116.
101. 5 : 137.
101. 6 : 137; **2**. 345 n.
101. 7 : **2**. 345 n.
101. 8 : 241.
101. 9 : 116, 317.
101. 10 : 210, 266; **2**. 362.
101. 11 : 149, 210; **2**. 53.
101. 12 : **2**. 164.
102. : **2**. 280, 427.
102. 1 : **2**. 174.
102. 3 : **2**. 209.
102. 5 : 228.
102. 6 : **2**. 281.
102. 7 : **2**. 441 n.
102. 9 : **2**. 282.
102. 10 : 148, 229.
102. 11 : **3**. 97 n.
103. 1 : **2**. 171.
103. 2 : **2**. 171, 172.
103. 3 : **2**. 171.
103. 4 : 301, 303; **2**. 218, 291.
103. 5 : 303; **2**. 178.
103. 6 : **2**. 178, 181, 232.
103. 7 : **2**. 180, 181.
103. 8 : 129, 299; **2**. 234, 239, 249, 391.
103. 9 : **2**. 234; **3**. 100, 140 n.
103. 10 : **2**. 196.
104. 2 : **2**. 245, 250, 261, 261 n, 262 n, 286.
104. 3 : **2**. 278.
104. 4 : 66; **2**. 322; **3**. 244.
104. 5 : **3**. 183 n.
X. 104. 8 : 68, 69; **2**. 146 n, 149 n, 234, 325, 357.
104. 9 : **2**. 165, 199.
104. 10 : **2**. 197, 278.
105. 1 : 171 n.
105. 2 : **2**. 256, 258; **3**. 247 n.
105. 4 : 60 n; **2**. 257 n, 258; **3**. 247 n.
105. 6 : 52; **2**. 277, 322, 406 n, 408.
105. 7 : 52; **2**. 208, 322.
105. 8 : 296; **2**. 267, 290; **3**. 206.
105. 9 : 23 n, 60 n.
105. 10 : **2**. 399.
105. 11 : **2**. 209, 335; **3**. 74 n.
106. : **2**. 494.
106. 1 : **2**. 446.
106. 2 : **2**. 443 n, 509.
106. 3 : **2**. 494, 505, 509.
106. 5 : **2**. 405 n, 429 n, 443 n; **3**. 216, 250.
106. 7 : **2**. 479 n.
106. 8 : **2**. 471 n.
106. 9 : **2**. 494.
106. 10 : **2**. 509.
106. 11 : **2**. 83 n.
107. : 127, 129.
107. 1 : 82, 135.
107. 2 : 75[2], 82; **3**. 208 n.
107. 3 : **3**. 178.
107. 4 : 102, 279 n; **2**. 132; **3**. 284.
107. 6 : 231.
107. 11 : 128; **3**. 286.

X. 108. 1 : 256, 320; **2**. 314, 315.
108. 2 : 256, 320; **2**. 314, 315, 319.
108. 3 : **2**. 314, 315.
108. 4 : **2**. 357; **3**. 203[2].
108. 6 : **2**. 291, 313.
108. 7 : **2**. 180 n, 319.
108. 8 : 150; **2**. 145, 292 n, 307, 308, 313, 319.
108. 10 : **2**. 313, 319.
108. 11 : 301, 302; **2**. 74, 291, 292 n, 313; **3**. 222, 240.
109. : **3**. 178.
109. 1 : 53, 282; **3**. 265.
109. 2 : **2**. 486.
109. 4 : 102, 106; **2**. 134.
109. 5 : 304 n; **2**. 486.
109. 6 : **3**. 186.
110. : 267, 322[2]; **2**. 100 n.
110. 1 : 66.
110. 2 : 234: **2**. 100 n; **3**. 230.
110. 4 : **3**. 160, 161 n.
110. 6 : 250.
110. 7 : 66.
110. 8 : 66.
110. 9 : 238; **3**. 57.
110. 10 : 268.
110. 11 : 40; **2**. 388; **3**. 241.
111. 1 : **3**. 183 n.
111. 2 : 285; **2**. 163; **3**. 245.
111. 3 : **2**. 183, 188.
111. 4 : **2**. 311; **3**. 203, 249.
X. 111. 5 : **2**. 163, 194, 334.
111. 6 : **2**. 203, 205 n; **3**. 80.
111. 7 : **2**. 2, 191.
111. 8 : **2**. 152, 184[2].
111. 9 : **2**. 205; 334.
111. 10 : **2**. 165, 186, 329.
112. 1 : **2**. 252.
112. 3 : **2**. 161.
112. 4 : **2**. 250.
112. 5 : **2**. 252. 477.
112. 6 : **2**. 246, 345 n.
112. 7 : **2**. 228.
112. 8 : **2**. 68 n, 174, 180, 290, 315 n.
112. 9 : **2**. 277[2].
113. 1 : **2**. 238, 238 n, 250, 251.
113. 2 : **2**. 199, 238, 251, 418, 459 n, 460.
113. 3 : **2**. 204, 238, 391.
113. 4 : **2**. 164, 186, 219; **3**. 61 n.
113. 6 : **2**. 203.
113. 8 : **2**. 24, 204, 205, 239, 251, 267, 276.
113. 9 : **2**. 166, 350, 351.
113. 10 : **2**. 177.
114. 1 : 53, 236, 293, 294; **2**. 471.
114. 2 : **3**. 219, 242.
114. 3 : 232; **2**. 64 n, 489 n.
114. 4 : 229, 232.
114. 5 : 232; **2**. 160.
114. 6 : **2**. 259 n.
114. 7 : **2**. 132, 135.
114. 9 : **2**. 144, 258 n.
114. 10 : 86, 147.

X. 115. 1 : **2**. 7 n, 242.
115. 3 : 166, 225 ; **3**, 237.
115. 4 : **2**. 326.
115. 5 : **2**. 464.
115. 7 : **3**. 235.
115. 8 : **2**. 109 n, 448.
115. 9 : **2**. 448.
116. 1 : **2**. 198, 245, 250, 252.
116. 3 : 180 ; **2**. 248, 263.
116. 4 : **2**. 80, 253.
116. 5 : **2**. 237.
116. 7 : 261 ; **2**. 243[2] ; **3**. 203.
116. 8 : 261 ; **2**. 243.
116. 9 : **2**. 284, 295.
117. : 127 ; **3**. 178.
117. 1 : **2**. 212.
117. 7 : 296.
117. 8 : **2**. 285 n.
117. 9 : **2**. 72.
118. 1 : **3**. 228.
118. 2 : **2**. 9.
128. 3 : **2**. 9.
118. 7 : **2**. 217 ; **3**. 197, 230.
118. 8 : 112 ; **2**. 217.
119. : 150.
119. 4 : 309.
119. 5 : **2**. 283 n.
120. : **2**. 241.
120. 1 : **2**. 164[2], 219 ; **3**. 61 n.
120. 2 : **2**. 208.
120. 3 : **2**. 252, 256 n.
120. 4 : **2**. 172, 218.
120. 5 : **2**. 172, 239, 276, 278 n ; **3**. 316.
X. 120. 6 : **2**. 142 n, 165, 220, 329, 412 n.
120. 7 : **2**. 357 n.
120. 8 : 319 ; **2**. 180, 321 n.
120. 9 : 46 n, 49 n, 319 ; **2**. 107 n, 241, 321 n.
121. : **2**. 46.
121. 1 : **2**. 160.
121. 4 : 320[2].
121. 7 : **2**. 17, 47, 160.
121. 8 : 114.
121. 9 : **3**. 252.
122. 2 : 40 ; **3**. 228.
122. 3 : **2**. 152 ; **3**. 213 n, 231.
122. 4 : **2**. 133.
122. 5 : 54[2], 101, 196 n ; **2**. 384, 385.
122. 6 : 120 ; **3**. 231.
122. 7 : 119 ; **2**. 12, 14, 242.
122. 8 : 50, 126.
123. : **2**. 39. 40.
123. 1 : **2**. 31 n, 38, 39[2], 39 n, 40, 41, 43, 46, 398.
123. 2 : **2**. 38, 40[2] ; **3**. 239.
123. 3 : 197 ; **2**. 39[2] ; **3**. 239.
123. 4 : 196 ; **2**. 39 ; **3**. 66, 222, 239.
123. 5 : **2**. 38, 40 ; **3**. 66.
123. 6 : 85 n, 92 n ; **2**. 39, 98 ; **3**. 12, 133 n, 208 n.
123. 7 : **2**. 39[4] ; **3**. 66.
123. 8 : **2**. 39[3], 118, 124 ; **3**. 218 n.

X. 124. : **3**. 129, 147.
124. 1 : **2**. 149.
124. 2 : **2**. 84, 88 n.
124. 3 : **2**. 99 ; **3**. 70, 85, 133, 213 n, 220, 222, 231.
124. 4-7 : **2**. 442.
124. 4 : **2**. 84, 99[2], 100, 102, 417, 481; **3**. 87 n, 133[2].
124. 5 : **3**. 70, 87 n, 133, 148, 264.
124. 6 : **2**. 102, 248, 263, 482 n.
124. 7 : 260; **2**. 102; **3**. 127, 133, 148[2].
124. 8 : **2**. 113, 203; **3**. 63.
124. 9 : **3**. 63.
125. 1 : **2**. 296 n, 297, 318 n, 387, 506 n, 507; **3**. 101.
125. 2-5 : 297.
125. 2 : **2**. 26.
125. 3 : 295.
125. 6 : 297; **3**. 31.
125. 7 : 287[2], 295; **2**. 82, 113.
125. 8 : 279.
126. 6 : **3**. 108, 171.
126. 8 : **2**. 86.
127. : 249[2].
127. 1 : 156; **3**. 167, 289.
127. 3 : 249.
127. 7 : **3**. 164, 166 n.
127. 8 : 309.
128. 1 : **2**. 125, 294.
128. 2 : 27; **2**. 383, 390 n, 418 n.
X. 128. 3 : 102, 234.
128. 5 : **2**. 121.
128. 6 : **3**. 181, 197.
128. 8 : **3**. 204.
128. 9 : **2**. 295; **3**. 99.
129. 1 : 254.
129. 3 : 254; **2**. 46.
129. 4 : **3**. 215.
129. 5 : 139.
129. 7 : **3**. 214.
130. : 103.
130. 2 : 108, 275.
130. 3 : 108, 109, 275.
130. 4 : 109, 124, 300.
130. 5 : 95, 109, 124.
130. 7 : 102; **2**. 134.
131. 1 : **2**. 171.
131. 3 : **2**. 177[2].
131. 4 : **2**. 347, 509; **3**. 61, 70.
131. 5 : 328; **2**. 499 n, 509; **3**. 61.
131. 6 : **3**. 204.
132. 1 : **2**. 236.
132. 2 : **2**. 218 n.
132. 4 : **2**. 473; **3**. 87, 116, 164, 193.
132. 5 : **2**. 455 n; **3**. 163.
132. 6 : **3**. 91 n.
133. 1 : **2**. 173, 196.
133. 2 : **2**. 163, 170, 204.
133. 3 : **2**. 218 n.
133. 5 : **2**. 165 n.
133. 6 : **3**. 223, 244.
133. 7 : **2**. 179.
134. : **3**. 105.
134. 1-6 : **2**. 164
134. 1 : **2**. 161, 194.

X. 134. 6 : **2**. 162.
135. 1 : 90, 199.
135. 2 : 91.
135. 3 : **2**. 284 n.
135. 4 : **2**. 284 n.
135. 7 : 86; **2**. 98.
136. 3 : 46, 137, 151.
136. 5 : 255.
136. 6 : **3**. 65.
136. 7 : **3**. 7 n.
137. 1 : **3**. 157.
137. 2 : 34 n.
137. 3 : 34 n, 72 n.
137. 4 : **3**. 44.
137. 6 : 253.
137. 7 : 123.
138. 1 : **2**. 192, 207, 320, 335; **3**. 245.
138. 2 : 316 n; **2**. 3, 183, 188, 191, 192, 195, 290; **3**. 241.
138. 3 : **2**. 210, 213, 348³, 349; **3**. 70, 80, 81.
138. 4 : 157.
138. 5 : **2**. 192, 196; **3**. 63.
138. 6 : 157; **3**. 63.
139. : **3**. 67.
139. 1 : **2**. 424; **3**. 51, 217.
139. 2 : **2**. 424.
139. 3 : 8; **2**. 424; **3**. 51, 253.
139. 4 : **2**. 188, 493 ; **3**. 222, 248.
139. 5 : **2**. 493.
139. 6 : 196, 197, 258; **2**. 207, 493; **3**. 67.
140. 2 : **2**. 4.
140. 5 : 42; **2**. 345.
X. 140. 6 : 142; **3**. 230.
141. 2 : **3**. 295, 296.
141. 3 : 224, 300.
141. 5 : 25, 326.
141. 6 : 19; **2**. 237.
142. 1 : **3**. 170, 234.
142. 2 : 72 n.
142. 3 : 15; **3**. 170.
142. 5 : **2**. 60, 67.
142. 6 : **2**. 242.
143. 1 : **2**. 469, 481, 483; **3**. 250.
143. 2 : **2**. 469, 468, 483.
143. 3 : **2**. 469.
143. 5 : **3**. 13, 14, 15.
144. 1 : **2**. 255; **3**. 93.
144. 2 : **2**. 253, 340, 341, 408.
144. 3 : **2**. 222, 248.
144. 4 : **2**. 58, 222, 248.
144. 5 : **2**. 248, 251.
144. 6 : **2**. 251.
145. : 123.
147. 1 : **2**. 166, 199.
147. 2 : **2**. 177; **3**. 82.
147. 3 : **2**. 236.
147. 4 : **2**. 236.
147. 5 : **3**. 81, 83.
148. 2 : 7 n; **2**. 36, 75, 161, 164, 188, 190, 211.
148. 3 : **2**. 219 n.
148. 4 : **2**. 176.
148. 5 : **2**. 300, 303 n.
149. 1 : 239; **2**. 44, 121, 357 n; **3**. 47 n.
149. 2 : **2**. 18, 46; **3**. 39, 45 n.

X. 149. 3 : **3**. 51, 222, 253.
149. 5 : **3**. 46.
150. 1 : **3**. 99, 170.
150. 2 : **3**. 170.
150. 3 : **3**. 172, 255.
150. 4 : 119; **3**. 170.
150. 5 : 50; **2**. 305 n, 463, 468; **3**. 170.
151. : **2**. 166 n.
151. 1 : **2**. 82 n.
151. 3 : 106; **3**. 70.
151. 5 : 32.
152. 1 : **2**. 173.
152. 2 : **2**. 196.
152. 3 : **2**. 197, 198, 205, 218.
152. 4 : **2**. 172, 190.
153. 1 : **2**. 163.
153. 2 : **2**. 164.
153. 3 : **2**. 196.
153. 4 : 169, 279 n, 280; **2**. 278.
154. 1 : 95.
154. 4 : 85; **3**. 232.
154. 5 : 38, 82, 85.
155. : 123.
155. 5 : 75 n; **2**. 48.
156. 1 : 143.
156. 3 : **2**. 460.
156. 4 : 142.
157. 3 : **2**. 390; **3**. 100.
157. 4 : 291; **3**. 68.
157. 5 : 279 n, 291.
158. 1 : 24; **3**. 50.
158. 2 : **3**. 50.
158. 3 : 82; **3**. 50.
158. 5 : **3**. 50.
159. 4 : **2**. 277.
X. 160. 1 : **2**. 228.
160. 2 : **2**. 244.
160. 3 : **2**. 178, 227; **3**. 201.
160. 4 : **2**. 227.
160. 5 : **2**. 177.
161. : 123.
161. 1 : **2**. 498.
161. 4 : **2**. 498.
162. 1 : 123; **2**. 9, 217.
162. 2 : 123.
162. 6 : **3**. 188.
163. : 123.
164. 1 : 300 n; **3**. 176.
164. 2 : 85, 86; **3**. 176.
164. 3 : **3**. 170, 177, 185.
164. 4 : 300 n, 303; **2**. 291, 313; **3**. 170, 206.
164. 5 : **3**. 170, 177, 194.
165. : 123.
165. 1 : 92.
165. 3 : **3**. 182.
165. 4 : 91, 92.
166. : 123.
166. 3 : 123, 296, 300 n.
166. 4 : 123, 296; **3**. 213 n, 236.
166. 5 : 123, 296.
167. 1 : **2**. 188, 277.
167. 2 : **2**. 188, 189.
167. 3 : **2**. 163; **3**. 131, 218, 256.
168. : 25.
168. 1 : 26, 27.
168. 3 : **3**. 251.
168. 4 : 27², 34.
169. : 315.
169. 1 : 34 n, 316; **3**. 36, 152, 159.

X. 169. 2 : 135 ; **3**. 27.
170. 1 : 26.
170. 2 : **2**. 210 ; **3**. 69, 215 n, 218, 225, 270.
171. 1 : **2**. 173.
171. 2 : **2**. 212.
171. 3 : **2**. 303 n.
171. 4 : **3**. 78.
172. 1 : 245.
172. 4 : 248.
173. 3 : **2**. 277.
174. 1 : **2**. 277.
174. 4 : **2**. 277.
175. 1 : 199 ; **3**. 253.
175. 2 : 316 n.
175. 3 : 200.
175. 4 : 199 ; **3**. 253.
176. 1 : 317 ; **2**. 409.
176. 3 : 144.
177. 1 : 116, 230 ; **3**. 29, 81, 86.
177. 2 : 285, 291 ; **3**. 67, 224, 242.
177. 3 : 230 ; **2**. 65, 66 n.
178. : **2**. 498.
178. 2 : 240.
178. 3 : **2**. 3.
179. 1 : 261.
179. 2 : 261 ; **2**. 439 n.
179. 3 : 261[2] ; **2**. 56, 83 n, 243 n ; **3**. 244, 298 n.
180. 1 : **2**. 171, 186.
180. 2 : **2**. 171, 390, 441 n ; **3**. 61 n.
X. 180. 3 : **2**. 164, 234 ; **3**. 61 n.
181. 1 : 51, 107.
181. 2 : 107 ; **3**. 213 n[2], 232.
181. 3 : 107, 263 ; **2**. 471.
182. 1 : **3**. 192.
182. 2 : 305.
182. 3 : 300 ; **2**. 217, 218, 291.
183. 1 : 38.
183. 3 : 184.
184. 1 : **3**. 57.
184. 3 : 34, 103 ; **2**. 12, 509 n.
185. 2 : **3**. 198.
185. 3 : **3**. 101.
186. : 25.
186. 1 : 34 n.
186. 3 : 171, 197.
187. 1 : 142.
187. 2 : 16.
187. 3 : **2**. 217.
187. 4 : 14.
187. 5 : 14.
188. 1 : 143.
188. 2 : 126 n.
188. 3 : 20 n.
189. 1 : 229 ; **2**. 398.
189. 2 : 229 ; **3**. 286, 290.
189. 3 : 229 ; **3**. 213 n, 241.
190. 1 : 138 ; **3**. 266.
190. 3 : 157 ; **2**. 120 n.
191. 1 : 323 ; **3**. 287 n.
191. 2 : **2**. 76.

VÂLAKHILYA

Vâl. 1. 2 : **2**. 184, 198.
1. 3 : **2**. 245.
1. 5 : **2**. 260, 279.
1. 6 : 282.
1. 8 : 68; **2**. 325.
1. 9 : **2**. 177, 301[2].
1. 10 : 207; **2**. 300, 301[2], 305, 348, 463.
2. 2 : **2**. 184.
2. 4 : 313.
2. 5 : **2**. 279, 473.
2. 7 : **2**. 233.
2. 8 : 70; **2**. 214, 277 n.
2. 9 : **2**. 301, 331.
2. 10 : 207; **2**. 300, 301, 463.
3. 1 : 68 n; **2**. 300, 301[2], 325.
3. 2 : **2**. 497.
3. 3 : **2**. 422 n.
3. 4 : **2**. 81, 143 n, 147, 149, 267.
3. 5 : **2**. 177.
3. 6 : **2**. 210.
3. 7 : **2**. 231.
3. 8 : **2**. 277 n, 334.
3. 9 : **2**. 303, 304.
3. 10 : 284.
4. 1 : 61, 68 n, 86, 88, 175; **2**. 323, 325, 328.

Vâl. 4. 2 : 52, 175 ; **2**. 300, 306, 322, 454.
4. 3 : **2**. 416 ; **3**. 118, 256.
4. 4 : **2**. 179, 232.
4. 5 : **2**. 177.
4. 7 : **2**. 133, 137 n, 234, 267.
4. 8 : **2**. 464.
4. 9 : 293 ; **3**. 245.
4. 10 : **2**. 187.
5. 1 : **2**. 168, 178.
5. 2 : 60 ; **2**. 337, 344.
5. 3 : 175.
5. 6 : 283; **2**. 171, 290.
5. 7 : **2**. 290.
5. 8 : **3**. 7 n.
6. 1 : **2**. 290, 473.
6. 2 : **2**. 450.
6. 3 : **2**. 370, 371.
6. 4 : 25, 326 ; **2**. 132.
6. 5 : **2**. 168, 236.
6. 7 : **2**. 231.
6. 8 : **2**. 497.
7. : **2**. 209.
7. 2 : 156.
7. 4 : **2**. 463.
8. 3 : **2**. 209.
8. 5 : 13 ; **2**. 451.
9. 1 : 177 ; **2**. 500.

Vâl. 9. 2 : **2**. 146 n, 509 ; **3**. 199.
9. 3 : 308 ; **2**. 443.
10. 1 : 126, 147, 232.
10. 2 : 19, 28, 232, 314.
10. 3 : **2**. 491.
11. 1 : **2**. 470.
Vâl. 11. 3 : **2**. 132, 450 ; **3**. 141 n, 181.
11. 4 : **2**. 132 ; **3**. 246, 262.
11. 5 : **2**. 135.
11. 6 : 132 ; **3**. 140.

ATHARVA-VEDA

I. 2. 3 : 278 n; **2**. 182.

27. 4 : **3**. 155 n.

II. 19. 3 : 277 n.

25. : **2**. 465.

36. 1 : 159 n.

III. 15. 1 : **2**. 480.

27. 6 : **3**. 12 n.

IV. 6. 2 : **2**. 151.

29. 4 : **2**. 467 n.

29. 6 : **2**. 282 n.

36. 5 : 200 n.

V. 8. 4 : **3**. 8.

VI. 60. 2 : 159 n.

61. 3 : **2**. 151.

72. 3 : **2**. 504.

82. 2 : **2**. 486, 487.

112. 3 : **2**. 423.

119. 3 : **3**. 44.

VII. 53. 6 : **3**. 44.

113. 1 : **3**. 18 n.

115. 2 : **3**. 18 n.

VIII. 2. 7 : **3**. 287.

6. 10 : **2**. 504[2].

7. 27 : **2**. 73 n.

IX. 2. 11 : **2**. 122 n.

3. 18 : **3**. 122 n.

X. 1. 14 : **2**. 504.

4. 5-11 : **2**. 451, 452.

X. 5. 23 : **3**. 287.

7. 35 : **2**. 122 n.

7. 41 : **2**. 95.

10. 13 : **2**. 482.

XII. 1. 24 : **2**. 488.

1. 39 : 278 n.

XIII. 1. 2 : **2**. 405.

1. 6 : **3**. 22.

2. 15 : **3**. 289 n

3. 1 : **2**. 122 n.

XIV. 1. 10 : **2**. 486.

1. 11 : **2**. 491 n.

1. 53 : **2**. 486, 487, 488 n.

1. 55 : **2**. 486[2], 491.

2. 1 : **2**. 486.

2. 30 : **2**. 487.

2. 31 : **2**. 270 n.

2. 32 : **2**. 486.

2. 40 : **2**. 486.

2. 41 : **2**. 486.

XVII. 1. 27 : **3**. 287.

XVIII. 3. 5 : **2**. 95.

3. 13 : 90.

3. 60 : 84 n; **2**. 472.

XX. 127. 1 : **2**. 303.

128. 13 : **2**. 221, 304.

136. 2 : **2**. 504.

TAITTIRĪYA-SAṂHITĀ

II. 2. 8. 1 : **2**. 283.
III. 1. 11. 8 : **3**. 10 n, 11 n, 14.
III. 5. 8. 1 : 171 n.
VI. 4. 8. : **3**. 117.

TAITTIRĪYA-BRĀHMAṆA

I. 7. 10. 1 : **3**. 116.
III, 7. 11. 5 : **2**. 281 n.

VĀJASANEYI-SAṂHITĀ

XVII. 69. : **3**. 315.

ÇATAPATHA-BRĀHMAṆA

XII. 9. 2. 12 : **3**. 117 n, 136 n.

AITAREYA-BRĀHMAṆA

III. 22. : **2**. 283 n.
IV. 22. : **2**. 69 n.

ÇĀNKHĀYANA-BRĀHMAṆA

XXVII. 4. : 171 n.

PANCAVIMÇA-BRĀHMAṆA

XXV. 10. 17. : **2**. 345 n.

ĀÇVALĀYANA-GṚIHYASŪTRA

IV. 1 : 81
IV. 2 : 80

BHAGAVAD-GĪTĀ

III. 10. : 33 n.
III. 14. : 33 n.

ADDITIONS ET CORRECTIONS

P.	2^{a}	ajouter	i.	15.	2	: 39.
—	2^{b}	—	i.	15.	9	: 39.
—	9^{a}	—	i.	62.	2	: **2**. 314^{2}.
—	—	—	i.	62.	3	: **2**. 314^{2}.
—	10^{b}	—	i.	71.	9	: 195.
—	15^{b}	—	i.	112.	17	: **2**. 300 n.
—	30^{b}	supprimer	ii.	19.	3	: 277 n.
—	45^{a}	ajouter	iv.	16.	4	: **2**. 188.
—	47^{b}	—	iv.	29.	4	: **2**. 285.
—	—	—	iv.	30.	4	: **2**. 188.
—	50^{a}	—	iv.	51.	3	: **2**. 94 n.
—	58^{a}	—	v.	56.	5	: **2**. 369.
—	—	—	v.	59.	1	: **3**. 254.
—	63^{b}	—	vi.	20.	9	: **3**. 125.
—	64^{b}	—	vi.	32.	2	: **2**. 174.
—	66^{b}	—	vi.	47.	5	: 218.
—	69^{a}	—	vi.	62.	9	: **2**. 360.
—	71^{a}	—	vii.	3.	1	: **3**. 229.
—	71^{b}	—	vii.	5.	7	: 16.
—	72^{a}	—	vii.	7.	4	: **3**. 229.
—	73^{b}	—	vii.	23.	4	: **3**. 246.
—	74^{a}	—	vii.	31.	11	: **3**. 246.
—	74^{b}	—	vii.	33.	4	: **2**. 274.
—	76^{b}	—	vii.	54.	8-11	: **2**. 110.
—	—	—	vii.	56.	8	: **3**. 37.
—	80^{b}	—	vii.	103.		: **2**. 472 n. (Bergaigne, viii. 103.)
—	87^{b}	—	viii.	20.	10	: **2**. 379.
—	100^{a}	—	ix.	3.	9	: 188.
—	100^{b}	—	ix.	5.	1-3	: 166.
—	101^{b}	—	ix.	14.	5	: 187.
—	102^{b}	—	ix.	26		: 170.
—	104^{a}	—	ix.	45.	5	: 187.
—	104^{b}	—	ix.	52.	2	: 188.

P. 104[b]	ajouter	ix. 54. 1	: **2**. 83 n.
— 107[b]	—	ix. 69. 10	: **3**. 199.
— 109[b]	—	ix. 83. 3	: **2**. 397.
— —	—	ix. 83. 4	: **2**. 397.
— 110[a]	—	ix. 85. 11	: 187.
— 112[a]	—	ix. 96. 19	: **3**. 212 n.
— —	—	ix. 97. 3	: **2**. 36.
— 113[a]	—	ix. 97. 51	: 187.
— 114[a]	—	ix. 107. 9	: **2**. 49.
— 115[a]	—	ix. 111. 2	: **2**. 319.

TABLE DES MATIÈRES

			Pages.
Index des passages du Ṛig-Veda			1-138
—	—	Vâlakhilya	139-140
—	—	Atharva-Veda	141
—	—	Tâittirīya-Saṁhitā	142
—	—	Tāittirīya-Brāhmaṇa	Id.
—	—	Vājasaneyi-Saṁhitā	Id.
—	—	Çatapatha-Brâhmaṇa	Id.
—	—	Aitareya-Brāhmaṇa	Id.
—	—	Çāñkhāyana-Brāhmaṇa	Id.
—	—	Pañcaviṁça-Brāhmaṇa	Id.
—	—	Âçvalâyana-Gṛihyasūtra	Id.
—	—	Bhagava-Gītā	Id.
Additions et corrections			143

CHALON-SUR-SAONE, IMP. DE L. MARCEAU. — I-IX-97.

www.ingramcontent.com/pod-product-compliance
Ingram Content Group UK Ltd.
Pitfield, Milton Keynes, MK11 3LW, UK
UKHW012224240726
13966UKWH00003B/943